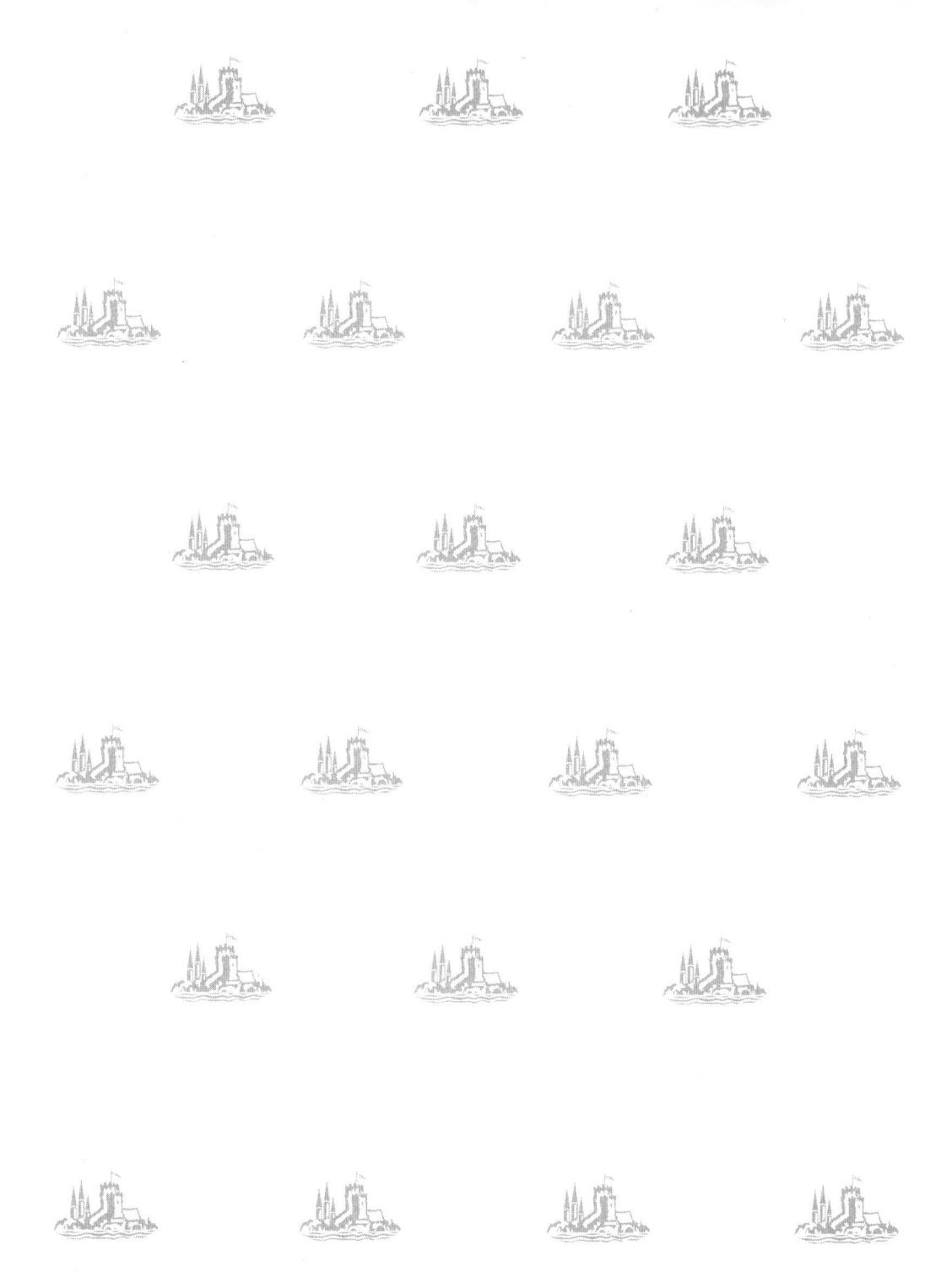

Typisch Schleswig-Holstein

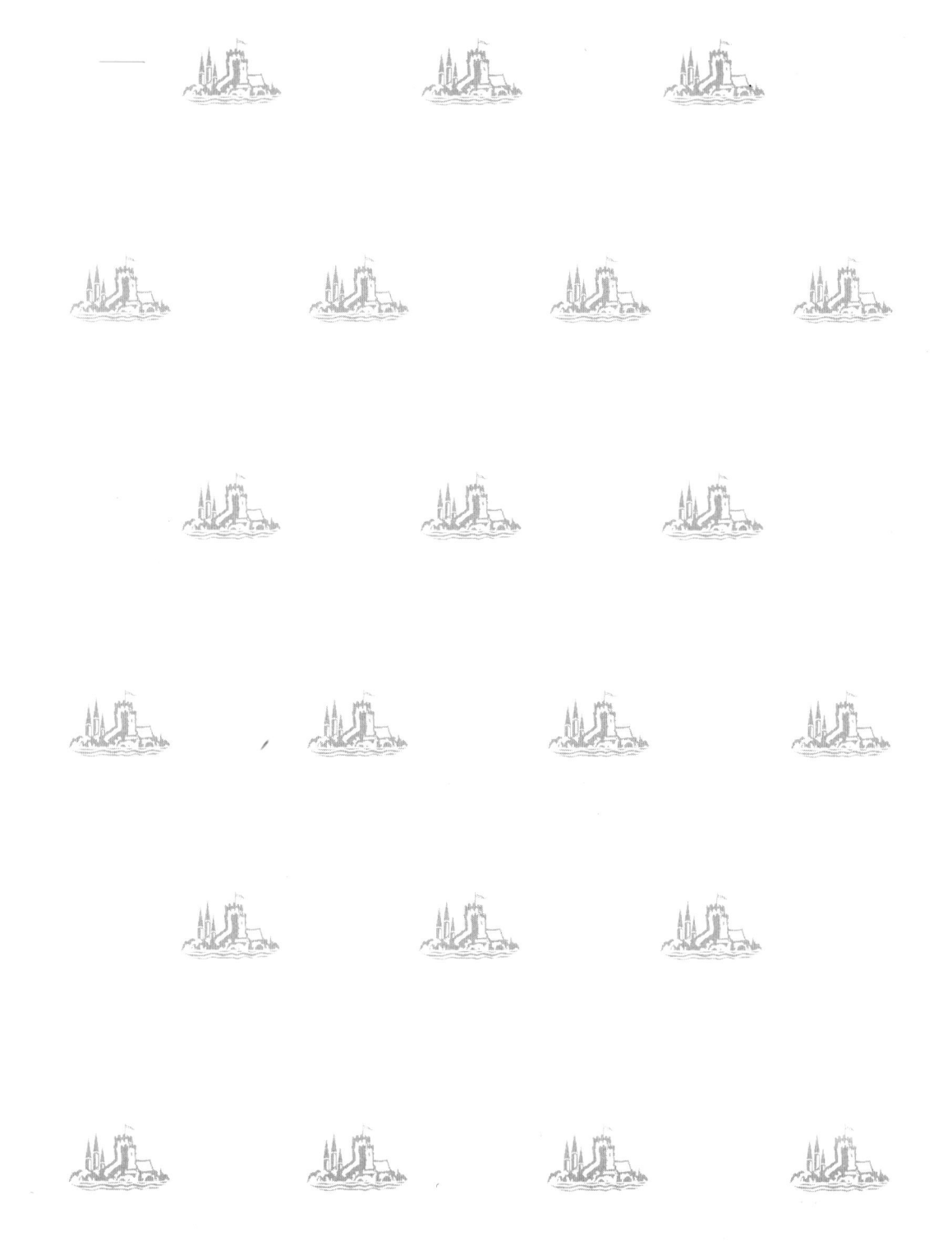

Jan Herchenröder

Typisch
Schleswig-Holstein

FLECHSIG TYPISCH

Umwelthinweis:
Dieses Buch und der Umschlag wurden auf chlorfrei gebleichtem Papier gedruckt.
Die Einschrumpffolie – zum Schutz vor Verschmutzung –
ist aus umweltverträglichem und recyclingfähigem PE-Material.

Trotz intensiver Bemühungen war es nicht möglich,
alle Rechteinhaber zu ermitteln.
Wir bitten diese sich an den Verlag zu wenden.

Sonderausgabe für Flechsig-Buchvertrieb
Genehmigte Lizenzausgabe für Verlagshaus Würzburg GmbH & Co. KG, Würzburg
© Stürtz Verlag GmbH, Würzburg
Originalausgabe: Weidlich Verlag, Würzburg
Printed in Spain 2004
ISBN 3–88189–411–X

Inhaltsverzeichnis

Up ewig ungedeelt	7
Kiel mit und ohne Moritaten	15
Die Schleswiger, so tugendhaft wie langsam	36
Das zweigeteilte Flensburg	45
In Pinneberg, ausgerechnet in Pinneberg?	54
Vorm Deich und dahinter	61
Sei mir gegrüßt, mein Lübeck	95
Ostholstein — ein sagenhaftes Land	105
Wi snackt platt, friesisch und missingsch	116
Itzehoe und Laboe bzw. Itzeho und Labö	135
Zwei Inseln und ein Herzogtum ohne Herzog	139
Was den Spökenkiekern alles beikommt	155
Wat gift dat nu tau eten?	164
Quellennachweis	175

Up ewig ungedeelt

Als die Stände Schleswig-Holsteins nach dem Erlöschen des Mannesstamms der Herzöge von Holstein 1460 in Ribe den Dänenkönig Christian I. aus dem Haus Oldenburg zu ihrem Landesherrn wählten, gelobte der Herrscher, daß die beiden Landesteile Schleswig und Holstein auf ewig ungeteilt bleiben sollten (dat se bliwen ewich tosamende ungedeelt). Aber die Ewigkeit dauerte nicht lange, denn 1490 und dann wieder 1544 wurden die Herzogtümer doch geteilt. Im folgenden verlief die Geschichte im Norden Deutschlands derartig verzwickt, daß man sie nicht auf wenigen Zeilen komprimieren kann. Man müßte wohl die Entwicklung Nordfrieslands, der Bauernrepublik Dithmarschen, Nordschleswigs, Holsteins, der bis 1937 Freien Hansestadt Lübeck und des Kreises Herzogtum Lauenburg voneinander getrennt abhandeln, was den Historikern überlassen bleiben muß. Die Lesern aus anderen Bundesländern erscheinenden Verwirrungen resultieren aus den in der Vergangenheit immer wieder aufflackernden Auseinandersetzungen mit Dänemark, bis 1867 Schleswig-Holstein und das Herzogtum Lauenburg preußische Provinzen wurden. Eine endgültige Beruhigung trat 1920 ein aufgrund einer Volksabstimmung in Nordschleswig aus deutscher und in Südschleswig aus dänischer Sicht, bei der die heutigen Grenzen festgelegt wurden. Seit dieser Volksabstimmung gibt es im Flensburger Gebiet eine dänische Minderheit und jenseits der Grenze eine deutsche, und nicht zuletzt dank der Bemühungen der schleswig-holsteinischen Landesregierung wurden auf beiden Seiten die letzten Ressentiments abgebaut.

Es war nicht so, daß die einstige Personalunion mit Dänemark den Schleswig-Holsteinern immer nur schwer im Magen gelegen hätte. Solange man ihnen von Kopenhagen aus weitgehend freie Hand ließ, erwiesen sie sich als gute Untertanen der zudem deutschstämmigen Könige, so wie sie später gute Untertanen des Königs von Preußen und dann des Kaisers waren. Nur als die Dänen sich allzu nationalistisch gebärdeten und z. B. ganz Schleswig als dänisches Mutterland sich einverleiben wollten, gab es 1848—1850 blutigen Streit.

Nichts ist charakteristischer für die politische Stimmung eines Landes als seine Lieder. So sang man noch 1830 bei mancherlei Anlässen eine Hymne auf Dänemark im deutschen Gebiet, die, wie aus zeitgenössischen Berichten hervorgeht, nicht überall als peinliche Anbiederung empfunden wurde. Ihr Stil entspricht dem Pathos der Zeit, das heute nur noch als komisch empfunden werden kann. Die erste Strophe lautete:

Dänemark! Dänemark! Heil'ger Akkord,
Himmlisches Wort!
Schwelle, du pochender Busen, erglüht!
Dänemark, Dir rauschet so freudig mein Lied!
Hat Saga Heimat des Ruhms Dich genannt
Du Dänenland,
Ich nenne Dänemark Dich, Dank entbrannt,
mein Vaterland!

Nur wenige Jahre später, genau am 24. Juli 1844, erklang dann auf einem Sängerfest in Schleswig zum erstenmal das Schleswig-Holstein-Lied, das heute noch bei vielen Anlässen unter der blau-weiß-roten Landesflagge angestimmt wird. Geschrieben hat es der Advokat Friedrich Chemnitz (1815—1870) und vertont der Organist Bellmann (1770—1861), die beide in Schleswig lebten. Die dänische Regierung war so töricht, die schleswig-holsteinische Trikolore zu verbieten, ebenso das Lied — um so öfter wurde es gesungen:

Schleswig-Holstein meerumschlungen,
Deutscher Sitte hohe Wacht!
Wahre treu, was schwer errungen,
Wie ein schön'rer Morgen tagt!
Schleswig-Holstein, stammverwandt,
wanke nicht, mein Vaterland!

Ob auch wild die Brandung tose,
Flut auf Flut, von Bai zu Bai;
O, laß blüh'n in deinem Schoße
Deutsche Tugend, deutsche Treu!
Schleswig-Holstein, stammverwandt,
wanke nicht, mein Vaterland!

Doch wenn inn're Stürme wüten,
Drohend sich der Nord erhebt,
Schütze Gott die holden Blüten,
die ein mild'rer Süd belebt!
Schleswig-Holstein, stammverwandt,
wanke nicht, mein Vaterland!

Es folgen noch vier weitere Strophen, in denen die Einheit der Menschen zwischen den beiden Meeren beschworen wird.

Detlev von Liliencron

Keine bloße Vereinsspielerei

Das Wappenschild von Schleswig-Holstein zeigt im oberen Feld rechts das holsteinische Nesselblatt mit drei silbernen Nagelköpfen, im oberen Feld links die zwei schleswigschen Löwen, darunter den Schwan von Stormarn, und in dem unteren rechten Feld den Dithmarscher Reiter. Das in zwei Theile getrennte Mittelfeld enthält das Oldenburger Kreuz, häufig auch als Doppelwappen. Gekrönt wird das Schild von der Königskrone. Die einzelnen Felder haben folgende Farben: Oberes Feld links: Grund gold, Löwen blau mit rother Zunge; Schleswig. — Oberes Feld rechts: Grund roth, Nesselblatt silber; Holstein. — Unteres Feld links: Schwan silber mit goldener Krone am Hals; Stormarn. — Unteres Feld rechts: Reiter gold, Pferd silber auf rothem Grund; Dithmarschen. — Mittelschild: Zwei rothe Balken in goldenem Feld, goldenes Kreuz im blauen Feld; Oldenburg.

Schleswig-Holsteinisches Wappen von 1842

Da dieses Wappen vier Farben: Blau, Roth, Weiß bzw. Silber und Gold führt, bestanden die älteren Landesfahnen aus diesen *vier* Farben.

Die Heraldiker aber, welche die *drei*farbige, die heutige offizielle schleswig-holsteinische Flagge festsetzten, waren keine Geringeren, als die Damen der Stadt Schleswig. Diese hatten im Jahre 1843 beschlossen, dem Gesangverein eine Fahne zu widmen...

Die ausgesprochene Absicht der hochherzigen Stifterinnen, in dieser blau-weiß-roten Vereinsfahne eine neue Landesfarbe zu gründen, fand allseitiges sofortiges Verständnis und begeisterte Zustimmung. Deutlich besagte dieser für ein Vereinsfest ungewöhnliche Beifallssturm, wie Alle sich dessen bewußt waren, daß es sich hier nicht um eine bloße Vereinsspielerei, sondern um eine folgenschwere That, um den Anfang eines langen Kampfes handelte.

H. Eckardt

Blutzufuhr im 18. Jahrhundert

Einen nicht zu verkennenden Einfluß auf das ganze Leben und Treiben in Holstein, auf den frischeren Zug, der sich allerorten bemerkbar machte, hatten auch die vielen Emigranten, die durch die Revolution oder Napoleons Despotismus aus Frankreich vertrieben, in Holstein und Hamburg eine Heimstätte gefunden hatten. Es ist, und nicht mit Unrecht, behauptet worden, daß diese Emigranten... viel Übles nach Deutschland verpflanzt hätten; daß Leichtsinn, Rohheit und Sittenverderbnis zugenommen habe, aber es darf nicht vergessen werden, daß diese schlechten Menschen nur ein kleiner Bruchteil der großen Zahl der Ausgewanderten war, daß sich unter diesen auch sehr, sehr viele befanden, die sich bemühten, auf ehrliche, rechtliche Art und Weise ihr Brot durch ihrer Hände Arbeit zu verdienen, denn nur einem ganz geringen Bruchteil der vornehmen Gesellschaftsklasse Frankreichs war es gelungen, aus den Trümmern ihres vormaligen Glückes so viel zu retten, daß sie sich Grundstücke kaufen oder von ihren Renten leben konnten. Der wohlhabenden, angesehenen Klasse gehörten die Emigranten an, die sich nach Holstein gewandt, und besonders in oder in der Nähe von Plön ein Asyl gefunden hatten. Zu diesen zählten: Lafayette, der nach dem Vertrage von Leoben 1797 aus seiner Haft in Olmütz entlassen und auf Wittmolt bei Plön ein Unterkommen gefunden hatte, Pauline von Montague, geborene v. Noailles, der Herzog von Lioncourt, Dumouriez, Frau von Genlis, General Danican, General Dumas, General Moubourg, Lameth, Graf Portalis, die Gemahlin Ludwigs XVIII., der Herzog von Orleans, später als Louis Philipp, König der Franzosen bekannt und andere mehr.

in unsichtbarem Gepäck ihre eigene Lebensform aus Ostpreußen, Schlesien und Pommern mit, die dazu beitrug, daß sich Lübeck verglichen mit früher zu einer lebhafteren Stadt entwickelte, in der gleichwohl die Tradition ihren festen Platz behielt. Sie wurde nicht aus dem Sattel gehoben, aber es ging auch nicht mehr an, weiterhin »im eigenen Saft« zu schmoren und unter sich zu bleiben. Die alten Familien traten aus der Reserve, sie gestatteten Einheiraten und Geschäftsverschmelzungen, das »Tor zum Norden« öffnete sich auch nach innen. Nach manchem Ach und Weh in den fünfziger Jahren waren die Reibereien abgebaut, und heute fiele es keinem mehr ein, die in Lübeck herangewachsenen Kinder der Neubürger als Fremde zu empfinden. Sie gehören einfach dazu.

Jan Herchenröder

Blutzufuhr im 20. Jahrhundert

Dann kam in der jüngeren Geschichte etwas Lebendigeres und bisher Ungewohntes hinzu: nach dem Zweiten Weltkrieg wurden rund 90 000 Neubürger aus den verlorenen Ostgebieten in Lübeck und Umgebung angesiedelt. Sie wurden nicht einfach assimiliert, vielmehr brachten sie

Domherr Meyer

Holsteins Straßen 1815

Domherr Meyer aus Hamburg berichtete in einem Brief 1815 über Holsteins Straßen: »Der Kontrast des rauhen Charakters mit dem milden der vorigen Gegenden würde angenehm und kräftigend sein, wenn nur das Ungeheuer der Landstraßen sich nicht darein mischte und hier, wie

fast überall in Holstein, jeden Genuß verbitterte. Es sind wahre Marterfahrten, diese sogenannten Wege, mit losen Granitklötzen überstreut, gegen die die Wagenräder anschmettern, jeden Augenblick in Gefahr zerschmettert zu werden. Die unbefestigte Oberfläche dieser Landstraßen soll dadurch entstehen, daß die Bauern die aus dem steinigen Boden aufgepflügten Steine in die Wege hineinwerfen dürfen, und es gemächlich den Wagenrädern überlassen, sie einzustampfen. Ebenso sind die dem Schein nach gepflasterten Straßen überall mit Sumpfpfützen durchlöchert, holperig und ausgefahren...
Ich zweifle, daß in der ganzen kultivierten Welt Wege diesen Holsteinischen ähnlich sind. Und doch muß man nicht selten dem höhnenden Ruf ›Weggeld!‹ gehorchen und doch bereisen Wegekommissare jährlich das Land, um in ihren Amtsberichten — ›die Wege für gut zu erklären!‹«

Hofrat Meyer

Holsteins Straßen 1830

Hofrat Meyer aus Offenbach am Main schrieb 1830: »Sobald man von Lübeck in das Holsteinische kommt, werden die Wege so schlecht, daß ich sicher glaube, es sind die schlechtesten, die in ganz Deutschland existieren. Um ein halbes Jahrhundert ist man hier im Wege und Chausseebau zurück und jetzt erst fängt man an, von Altona nach Kiel eine Chaussee zu machen. Wem sein Leben und sein Wagen lieb ist, der fahre um Gotteswillen nicht über Ahrensbök nach Plön.«

Graf Adelbert Baudissin

Schleswigs Pflaster

Die heitere Laune des Reisenden verliert sich aber leider gar bald; denn in Friedrichsberge ist das Pflaster schlecht — so schlecht, daß er den Kutscher bittet, langsam zu fahren — was immer ein sehr gutes oder sehr schlechtes Zeichen ist; — auf dem Damm, vor dem Schlosse Gottorp, kann selbst die Aussicht auf die Schlei und die Möveninsel nicht mit dem Stoßen und Rütteln des Wagens aussöhnen, und im Lolfuß begreift man erst recht nicht, wie der heilige Lolo auf den Gedanken hat kommen können, hier auf und ab zu spazieren. Nicht als ob die kleinen, mit Blumen gezierten Häuschen, die Gärten und die ewig wechselnden Bilder der Schlei — die überaus verstohlen zwischen den Häusern durchguckt — uns kalt lie-

Gasse in Flensburg

ßen, oder als wenn es an reizenden Blondinen fehlte, die ihre Lieblinge im Fenster pflegen oder an uns vorüberrauschen — nur das Pflaster ist zum Verzweifeln; — eine ganze halbe Meile hat der Reisende schon im langsamen Schritte zurückgelegt, und es ist noch eine starke Viertelmeile bis zu dem äußersten Ende der Altstadt, wo das Pflaster noch schlechter ist, als in den übrigen Theilen der Stadt...

... Wir sitzen auf dem Wagen und haben volle Muße, unserem Fuhrwerk einige Aufmerksamkeit zu schenken. Es ist ein langer, hoher, sogenannter holstein'scher Wagen, der von zwei großen, eben nicht allzu fetten Pferden gezogen wird. Vorder- und Hinterräder sind fast von gleicher Höhe und scheinen für die Ewigkeit gebaut zu sein, während sie in Wirklichkeit nur für das schleswig'sche Straßenpflaster eingerichtet sind. Zwischen den Vorder- und Hinterrädern — die natürlich immer gelb gestrichen sind — hängt ein eiserner Tritt senkrecht herab, wie eine Jakobsleiter; es gehört Fertigkeit und Übung dazu, die vier Sprossen zu erklimmen, und wenn man oben ist, hat man die Wahl, auf welchen von den *vier* Stühlen man sich setzen will, die so dicht hintereinander angebracht sind, daß man wie ein Türke die Beine unterschlagen muß, wenn man sich die Kniescheiben nicht zerschmettern lassen will. In der guten alten Zeit hingen diese Stühle in ledernen Riemen, und wer sich zu stark gegen die Rücklehne legte, kippte hintenüber, wie es der Hebamme ging, die herbeigeholt wurde, als ich geboren wurde.

Mein Vater hatte dem Kutscher befohlen, Carrière zu fahren, und ihm ein gutes Trinkgeld versprochen, wenn er die Hebamme schnell herbeischaffte. Es war dunkle Nacht, der Regen goß in Strömen vom Himmel, und die unglückliche Frau entsagte nur ungern dem warmen Federbette; aber der Kutscher half ihr Toilette machen, in wenig Augenblicken war sie angezogen, in einen Mantel gehüllt und auf den Sitz gehoben; zugleich mit ihr war der Kutscher auf dem Bock; — ein Ruck — die Pferde flogen im sausenden Galopp davon, und die Hebamme stand zwischen dem ersten und dem zweiten Stuhle auf dem Kopfe. Wohl hörte der Kutscher Angstgeschrei, Hülferufe, Stöhnen und Röcheln; er schrieb Alles auf die Furcht der Hebamme, umgeworfen zu werden, und jagte unverzagten Herzens vorwärts. Als er endlich vor dem Hause meiner Eltern anhielt, war ich schon angezogen und mit Wärmflaschen in die Wiege gepackt; die Hebamme lag über zwei Stunden wie todt auf dem Sopha.

Kiel mit und ohne Moritaten

J. M.

Kiel

Kiel im Schmuck der grünen Borden,
Saatenreich und waldumsäumt,
Schöne Stadt in Deutschlands Norden,
Wo der Ostsee Woge schäumt,
Du in Deiner vollen Schöne,
Deiner stolzen Flotte Pracht,
Stadt der frohen Musensöhne,
Dieser Gruß sei Dir gebracht!

Froh gedenken wir der Stunde,
Wogender Begeist'rung voll,
Wo dem Land aus Deinem Munde
Laut der Weckruf einst erscholl!
Und in jener Nacht des Märzen,
Kühn entgegnen der Gefahr,
Siegesmut in aller Herzen,
Zog die kleine Kämpferschar!

Nun von Deines Schlosses Turme
Weht ein Hohenzollernaar,
Der in manchem schweren Sturme
Deutschlands Hort und Retter war!
Und nicht ferne, Dir zu Füßen
Von der Kaiser Hand geweiht!
Nord- und Ostsee sich begrüßen,
Welch ein Denkmal großer Zeit!

Und nach jener Glanzepoche
Einst in Deinem Auferblühn,
Nun der Glanz der Kieler Woche,
Die Dein Kaiser Dir verliehn!
Was den Feinden einst zum Spotte,
Schuf er schnell mit starker Hand,
Und als Stadt der deutschen Flotte
Ward Dein Name weltbekannt!

Dieses Lied soll nicht verklingen,
Dir gesungen voller Lust,
Eh' wir unsern Wunsch Dir bringen,
Treu gehegt in aller Brust:
Mögst Du blühen und gedeihen,
So wie heute immerzu.
Nun wir unsern Sang Dir weihen,
Schleswig-Holsteins Perle, Du!

Blick auf die Stadt vom Kleinen Kiel

H. Eckardt

Der rauflustige Adel

Einige der Adeligen hatten in Kiel Häuser. Der Umschlag (ein Jahrmarkt, d. Hrsg.) vereinigte dort stets den größten Teil von ihnen, und wenn die Köpfe von Wein und Bier erhitzt waren, wurden die gröbsten Ausschreitungen begangen, so daß Mord und Totschlag zur Tagesordnung gehörten. Während der Verpfändung Kiels an Lübeck 1491 richtete der Rat ein Schreiben an Lübeck, ob es »nicht besser sei, den Umschlag nach einem anderen Orte, etwa Rendsburg zu verlegen, da man einen Gewaltstreich der Adeligen fürchte«...

Nachdem 1532 die peinliche Halsgerichtsordnung auch in Kiel Eingang gefunden hatte und dadurch die Selbsthilfe der Bürger unmöglich gemacht worden war, wurde der Übermut des Adels noch toller, und die größten Vergehen fanden statt. So zwang 1585 mitten im Umschlag und bei einer sehr großen Kälte Andreas Rantzau von Klamp einen Spielmann, ihn nackend und im bloßen Hemde bis an die Schevenbrücke zu begleiten und ihm auf seinem Instrumente etwas vorzuspielen und entließ ihn endlich statt des Trinkgeldes mit solchen groben Schlägen, daß der Mann jämmerlich zugerichtet das Lager hüten mußte.

Den höchsten Grad des Frevels beging aber derselbe Rantzau an einem Bürger in der Stadt, Namens Schiering. Der Bürger hatte den besagten von Rantzau wegen einer Schuld gemahnt, und dieser, anstatt zu bezahlen, überfiel den wehrlosen Bürger in dessen eigener Wohnung und richtete ihn mit Schlägen dergestalt zu, daß er den Tod davon trug.

Wieder derselbe Rantzau schlug dem Bürger Schütte in der Schloßstraße ohne weiteres am hellen Tag alle Fenster ein. Schütte klagte bei dem auf dem Schlosse wohnenden Amtmann, einem Vetter des Rantzau und erhielt die Antwort: »Man sollte dir die Augen dazu ausstechen.« Darauf schlug Rantzau dem Schütte abermals die Fenster ein.

Weder Stand noch Rang vermochten gegen den Übermut der Adeligen zu schützen. Es sind uns mehrere Fälle aufbewahrt, welche in empörender Weise Zeugnis ablegen von solchem Frevel. Im Jahre 1589 wollte ein adeliges Fräulein zum Fastnachtabend gehen und eine Mummerei mitmachen; sie ließ daher die ehrbare Tochter des hiesigen Predigers Joachim Blüting ersuchen, ihr dazu ihre Kleider zu leihen. Die Kleider wurden verweigert, und darüber fand sich Otto Rantzau dermaßen beleidigt, daß er dem Prediger mit selbeigener Hand die Fenster einwarf.

Im Jahre 1590 ließ Friedrich von Brocktorff, ein alter Mann, den gleichfalls alten Bürgermeister Paul Töcke zu sich rufen, indem er vorgab, daß er etwas mit ihm zu besprechen hätte. Der Bürgermeister mochte dem Frieden wohl nicht recht trauen und schlug daher eine Zusammenkunft in der Nikolai-Kirche vor, welche auch zustande kam. Als nun der Bürgermeister bei der Unterredung erklärte, daß er keine schließliche Resolution erteilen könne, sondern das Verlangen des von Brocktorff erst dem Rat vortragen müßte, geriet dieser darüber dermaßen in Zorn, daß er dem Bürgermeister in den grauen Bart fiel und ihm denselben unstreitig ausgerissen haben würde, wenn sich der Bürgermeister nicht nach Leibeskräften dagegen gewehrt hätte.

Dem Rat und der Bürgerschaft blieb nichts anderes übrig, als solche Unbill zu dulden, oder auch, sich an die Landesherrschaft zu wenden. Auch diese war jedoch nicht imstande, die Bürger oder die Stadt gehörig zu schützen und schlug zu dem Ende oft Mittel und Wege ein, welche unerhört waren. Als zum Beispiel Rat und Bürgerschaft der Stadt Kiel im Jahre 1608 sich bei dem Landesherrn darüber beschwerten, daß Detlev Brocktorff zu Schrevenborn einen Bürger der Stadt Schulden halber habe ins Gefängnis setzen lassen, erließ der Herzog Johann Adolf an den Rat ein Rescript, worin er ihm mit klaren Worten die Selbsthilfe befiehlt:

»Daß ihr ohn einig Säumen eine bequeme und genugsame Anzahl Bürger verordnet, welche dem von Brocktorff zum wenigsten 30 Ochsen oder andere grobe Stücke aus seinem Gute abholen, und also seinen Mutwillen und eigenthätliche Gewalt, mit gleichmäßiger Gewalt und *actu in Contrarium* zu Erhaltung Unser und der Stadt habende Frei- und Gerechtigkeit steuern sollet.«...

»Die vom Kiel«

Dem Namen der Stadt Kiel wurde früher stets das Geschlechtswort vorangestellt; man nannte sie »stat tome Kyle«, d. h. »Stadt zum Kiel« oder »den Kyl«, die Einwohner hießen »de vame Kyle«, d. h. »die vom Kiel«, man ging oder ritt »nach dem Kiel«. Die Bedeutung des Namens steht nicht fest. Einige erklärten ihn als »Keil« — wegen der keilförmigen Gestalt des Hafens — andere als »Förde«, »Bucht« oder »Hafen«, noch andere als »Quell« oder »Bach«.

Detmars Chronik
Die schlimmen Pogwischs

Anno domini 1480 ließ König Christian I. die Ritter des Landes Holstein auffordern, einen Tag vor dem Kiel zu halten; auch ließ er die von Lübeck und Hamburg bitten, zur bestimmten Zeit dahin zu kommen.

Auf dem Tage erhob der König Klage gegen einen adeligen Mann, der das Schloß Klein-Tondern als Pfand für 25 000 Mark im Besitz hatte. Der adelige Mann hieß Henning Pogwisch. Der Klagen des Königs gegen ihn waren viele. Eine von denen war, daß er einem Bauer um einer Geldsache willen hatte Nase und Ohren abschneiden lassen. Etlichen hatte er wegen derselben Sache die Köpfe abschneiden lassen. Item hatte er große und schwere Schatzung auf die Bauern gelegt, angeblich zu des Königs Bestem; aber der König hatte nichts davon erhalten. Darnach dankte der König den Städten, weil sie auf dem Tage erschienen waren, und begehrte, daß sie seiner Klage gegen Henning Pogwisch eingedenk sein wollten. Der fiel ihm da zu Füßen und bat, daß er ihn wieder hören wolle; aber der König wollte nicht und sprach: »Ich werde dir dieses gedenken!« und ritt mit Unmut davon. Darnach floh Henning Pogwisch aus dem Lande, und der König nahm das Schloß Tondern ein ohne Schwertschlag.

König Christian I.

Ferner nahm er eine starke Feste, die des Hauptmanns väterliches Erbe war, Farve geheißen, auch ohne Schwertschlag.

Item erzählte der König auch, bevor von dem Tage ritt, daß Hennings Sohn einer jungen Bäuerin ihre Brüste abgeschnitten hatte, daran sie gestorben war. Desselben Henning Sohn hatte nämlich ein junges Kindlein, aber die Mutter konnte ihm keine Brust geben. Die Bäuerin hatte auch einen Säugling. Er ließ sie zu sich fordern und sagte ihr, sie soll sein Kind säugen und groß ziehen. Die Frau sprach: »Lieber Junker, ich kann doch nicht mein eigen Kind verderben lassen und Eures aufziehen.« Aber da sie in dieser Sache nicht so wollte wie er, da ließ er ihr die Brüste abschneiden und sprach: »Nun säugest du weder mein noch dein Kind!«

Viele andere unehrenhafte Sachen hatte der König wider Henning Pogwisch und seine Söhne. Darum ritten sie voll Furcht aus dem Lande.

Bremers Chronik

Der arme Stellvertreter

Anno 1580 haben Detlev Brocktorff von Windeby und Christoffer von Buchwald, der Lange genannt, zum Kiel in der Flämischen Straße in Lüder Robels Hause mit einander gesoffen und gespielet, daß derselbe, welcher das Spiel verlieren würde, seinen eigenen Jungen erstechen sollte. Als nun Detlef Brocktorff das Spiel verloren, hat er darauf seinen Diener erstechen müssen.

*

Ein Adeliger flieht vor den Kielern

Dietrich Hoyke stellte sich auch in der Stadt Kiel mutwillig an, aber die Bürger kamen zusammen, versperrten die beiden Landtore und wollten diesen Hoyke gefangen nehmen. Da er nun vor die versperrten Tore kam und nicht entfliehen konnte, rannte er endlich nach dem Schuhmachertor an das salzige Wasser und sagte zum Gaul: »Männecken, willt du ein Fuder Hafer verdienen, so hilf mir jetzt aus der Not!« Als nun die Bürger mit Macht auf ihn zudrangen, da sprang er von der Schiffsbrücke und schwamm mit dem Pferde über den salzigen Hafen nach den Weißen Bergen, schoß seine beiden Pistolen den Kielern zum Tort ab, lösete die Hose und zeigte selbigen den Hinterspiegel. So geschehen Anno domini 1580.

Detmars Chronik

Der unglückliche Graf Johann II.

Eines Tages saß Graf Johann von Holstein und von Kiel fröhlich an der Tafel. Bei ihm war sein Narr Marquard, mit dem er zu scherzen pflegte. Den reizte ein Kämmerer. Da warf Marquard mit einem Knochen nach ihm. Er verfehlte ihn, traf aber den Grafen und warf dem achtbaren Herrn ein Auge aus.

Darnach ward des Grafen ältester Sohn, Christoph, ein herrlicher Junker, eines Morgens ganz früh, als er nach seinem Gemache ging, von dem Schloß zum Kiel aus einem Fenster in den Burggraben geworfen, so tief den Wall hinunter, daß er totblieb.

Später ist der Fromme Alf, des Grafen bester Sohn, jämmerlich getötet. Er selbst ward auf seinem Schlosse Bramhorst gefangen, und Grobenitz ward genommen, alles fast zu einer Stunde, denn sie waren verraten von ihren eigenen Mannen. Der Vater ward darnach auf seine Burg zum Kiel gebracht. Da lag er solange gefangen, bis er heimlich von dannen nach Lübeck floh. Dort blieb er wohl ein Jahr. Zuletzt kam er wieder nach dem Kiel, mit Hilfe der Bürger.

Dies blieb alles zumal ohne Gericht und ohne Rache, darum, weil Graf Alf sich mit dem Markgrafen verbunden hatte wider seinen Ohm, den König von Dänemark, auch, weil er von seinen Mannen Lehngut forderte, das seinem Vater und ihm abgestorben war. Einen Teil der Güter besetzten die, die den unschuldigen Grafen erschlugen. Sie brachten auch Graf Gerhard von Rendsburg und Graf Johann von Plön, die zwei jungen Herren, dazu, daß sie ihnen wegen des Totschlages öffentlich beistunden. Diese behielten das Land ihres Vetters und teilten es unter sich.

Holsteinische Chronik

Kampf den Schnapphähnen

Graf Joahnn der Milde von Plön und Kiel, ein Bruder König Christophs von Dänemark, hinterließ nach seinem Tode einen Sohn, Graf Adolf VII. Dieser Graf Adolf war ein strenger Mann und hatte einen Bund gemacht mit den Städten Lübeck und Hamburg wider die Räuber und Gewalttäter auf den Straßen in seinen Landen, so daß die Schnapphähne zu seiner Zeit sich nicht rühren durften. Zu den Zeiten dieses Grafen Adolf begab es sich (um 1377, d. Hrsg.), daß zwei von Hennecke Limbecks Knechten zum Kiel als Straßenräuber enthauptet wurden. Um des willen ward Hennecke Limbeck der Kieler Feind. Und nach Michaelis, wenn zu Eckernförde Markt ist, schlug er zu bei dem Bache Gosbeck und griff viele Kieler Bürger. Darum wurden Graf Adolf von Kiel und Graf Klaus von Rendsburg Hennecke Limbecks Feinde, und wie daraus folgt, wurden sie auch Herzog Heinrichs von Schleswig nachgelassener Gemahlin Feinde. Die hatte zu ihrem Leibgedinge Hadersleben und Tondern. Die genannten Herren mit ihrem versammelten Heer zogen nach Schleswig. Graf Adolf belagerte Tondern und gewann es. Graf Klaus belagerte Hadersleben und jagte die Herzogin von der Burg. Und also wurden die beiden Burgen gewonnen und kamen in die Gewalt der Holsten.

Reimer Kocks Chronik

Die überlisteten Dithmarscher

Anno 1317 waren die Dithmarscher auch ausgezogen und wollten dem Grafen Johann von Kiel Hilfe leisten gegen die Grafen Gerhard von Rendsburg und Johann von Plön. Darum raubten und brannten sie von der Hand weg alles, was sie trafen, das diesen Grafen gehörte, besonders die Kirchspiele Schenefeld, Nortorf und Neumünster. Sie kamen bis zu dem Kiel, welche Stadt damals Johann dem Einäugigen gehörte; und darum ließen die Kielischen die Dithmarscher als ihre Freunde ein. Aber da die Nachricht zu dem Kiel kam, daß ihr Herr verloren hatte und das reisige Zeug besiegt war, wünschten sie, daß sie die Dithmarscher wieder los würden. Deshalb bedachten die Bürger einen listigen Rat und stellten sich, als ob sie mit den Dithmarschern wollten auf eine gute Beute ziehen. Also zogen die Bürger samt den Dithmarschern mit Pfeifen und Trommeln aus der Stadt bis an den Kuhberg. Aber die vom Kiel machten, daß sie wieder in die Stadt kamen und ließen die Dithmarscher da draußen stehen.

Dr. A. Wetzel

Der sorgende Kieler Rat

Zu Anfang des 15. Jahrhunderts faßte der Kieler Rat u. a. folgende Beschlüsse:

a) Der Rat wacht über die Sitten der Stadt.
Der Rat befiehlt, daß ein jeglicher soll anständig reden über Herren und Knappen, Geistliche und Laien, über Frauen und alle rechtschaffenden Leute, bei 3 Mark Silbers. Spricht jemand wider der Frauen oder Jungfrauen Ehre, der soll es der Stadt büßen mit 10 Mark Silb. Geschieht es in böswilliger Absicht, so steht es bei dem Rat, wie er es richten will.
Niemand soll würfeln um mehr als 5 Schill. und 4 Pf.; das befehlen wir bei 3 Mark Silb. ohne Nachsicht. Spielt jemand mit falschen Würfeln, so will der Rat das richten.
Etliche Frauen tragen Pelzwerk und Geschmeide, was zu tragen ihnen nicht zukommt. Der Rat verlangt, daß sie sich hiernach richten. Geschieht das nicht, so wird der Rat einen Knecht einsetzen, der darüber wache.
b) Der Rat sorgt für die Sicherheit der Stadt und ihrer Bürger.
Der Rat bittet, daß ein jeglicher zusehe, wo oder wohin er wandere oder reise, damit er keinen Schaden nehme, denn es steht schlimm um die Lande. Ein jeglicher Mann soll seine Waffen bereit haben und seinem Nachbar zur Hilfe kommen, wenn er dessen bedarf; das gebieten wir bei 3 Mark Silb.
Wenn hier ein Ruchte (Verruchtes, d. Hrsg.) geschähe binnen der Stadt bei nachtschlafender Zeit um Mord oder, um was es sei, so soll ein jeder Hausbesitzer eine Laterne vor seine Tür hängen lassen und dem Ruchte folgen bei 3 Mark Silbers. Wer den Mörder findet, dem sollen die Kämmerer 3 Mark Pfennige geben. Wer ihn aber behauset oder beherberget oder ihm hilft, daß er wegkomme, der soll dasselbe Recht leiden, das der Mörder leiden müßte, wenn er ergriffen würde.
Ferner gebieten wir, daß ein jeglicher Mann selbst zur Wacht komme, bei 10 Sch., und wache da, wo man ihn hinstellt, bei 3 Mark Silb.
Jeder sehe zu, wen er beherbergt. Kann ein Fremder keine Herberge finden, dem will der Rat Herberge verschaffen.
c) Wie der Rat die Feuersgefahr abwenden will.
Der Rat befiehlt, daß niemand des Abends spät oder in der Nacht soll in seinen Stall gehen mit Lichtern ohne Laterne; das gebieten wir bei 3 Mark Silbers.

Wer auch Feuer in Darren oder Öfen hat, der soll Wasser dabei haben, damit ihm und seinem Nachbar kein Schaden geschehe; das befehlen wir bei 3 Mark Silb. ...

Enstehet solch' Feuer, daß man die Sturmglocke läuten muß, so soll derjenige, bei dem das Feuer ausbricht, das der Stadt büßen mit 3 Mark Silb.

(Anmerkung der Herausgeber des Buches »Ut der stat tom Kyle«, C. Mehlert und P. Nissen: Die Mark Silbers war keine Münze, sondern ein bestimmtes Gewicht Silbers. Sie wurde also zugewogen. Eine Gewichtsmark hatte 16 Lot. Eine Mark Silbers hatte etwa den doppelten Wert einer Mark Pf.)

Holsteinische Chronik

Vitalienbrüder nehmen das Schiff des Erzbischofs

Im Jahre 1415 ließ König Erich von Dänemark viele Burgen in Schleswig bauen, eine bei Schleimünde, genannt Königsburg, ferner Wedelspang und noch eine bei dem fließenden Wasser der Treene. Als er die Burgen befestigt hatte, versammelte er wieder ein großes Heer zu Lande und zu Schiffe vor der Stadt Schleswig und schlug sein Lager auf der Insel Jürgensburg auf. Gott vom Himmel gab den Holsten die Gnade, daß sie durch das Wasser ritten und an die Schiffe und auf das Eiland Jürgensburg ohne Schiffe kamen und alle Dänen töteten und beraubten.

Unter den dänischen Schiffen wurde eine Schute von den Kieler Seeräubern genommen in dem salzigen Wasser vor Schleimünde; die gehörte dem Erzbischof von Lund. Sie war beladen mit kostbaren Waren und ward gebracht in den Hafen zum Kiel. In dem Schiffe waren viele Kisten mit außerordentlich köstlichen Kleidern, mit erzbischöflichem Schmuck, einem Bischofshut, Stab, Meßgewand, Bibel, Büchern, Balsam, Edelsteinen, Schachtafeln und ganz vielen kleinen Bannern mit des Königs Wappen. Und man ließ sich bedünken, daß viel Silbers und Goldes darinnen wäre. Mit dem Schiffe hatte der Erzbischof nach Schleswig fahren und da seines bischöflichen Amtes walten wollen.

(Anmerkung des Herausgebers: In dem über zwanzig Jahre dauernden Krieg zwischen Herzog Heinrich IV. von Schleswig und Holstein und seinen Brüdern mit den Dänen um das Herzogtum Schleswig, wurde der Herzog von den Vitalienbrüdern, Seeräubern auf der Ostsee, unterstützt.)

Holsteinische Chronik

Warum Hans Odde Wehrgeld verlangte

Ein Brief, geschrieben um 1430, lautete: Meinen willigen Dienst zuvor! Euch ehrsamen Herren Bürgermeistern und Ratmannen zum Kiel wird wohl noch erinnerlich sein, daß mir mein Vater Klaus Odde, der zu Kopperpahl zu wohnen pflegte, erschlagen ward während eines Friedens, den Ihr selbst verhandelt hattet. Das taten Euer Lanste Macke Rönnefeld und seine beiden Brüder, und wir konnten deswegen bisher keine Sühne und Entschädigung von ihnen erlangen.

So bitten wir freundlich, liebe Herren, Ihr wollet den Macke Rönnefeld zu Euch entbieten und ihm auferlegen, daß er mir meinen toten Vater bezahle, den er selbst mit der Hand erschlug. Ich kann die Sache nicht länger so hingehen lassen.

Über dies alles begehre ich Eurer freundlichen Antwort durch den Überbringer dieses Briefes.

Seid Gott befohlen!

Geschrieben zu Schleswig, des Sonntags Misericordias domini unter des Propstes von Eiderstedt Insiegel, dessen ich hierbei mich bedient habe. *Hans Odde*

Aufschrift: Den ehrlichen Bürgermeistern und Ratmannen zum Kiel, meinen lieben Herren und Freunden, geschrieben.

(Anmerkung des Herausgebers: Im 15. Jahrhundert hatte die Familie eines Ermordeten noch das Recht, Blutrache zu üben. Gegen Zahlung eines »Wehrgeldes« konnte auf dieses Recht verzichtet werden.)

Detmars Chronik

Wohlfeiles Gut

Im Jahre 1452 sammelte König Christian von Dänemark ein großes Heer und zog nach Schweden, zu Wasser und zu Lande. Da litt er große Not mit all seinem Volke. Auch kam die Pest in das Heer, so daß über 500 Mann starben; darum mußte er weichen aus dem Lande und durfte nicht wieder nach Schweden ziehen wegen der Beschwerlichkeit und Gefährlichkeit der Wege; auch wußte er wohl, daß König Karl von Schweden zu Felde lag mit großem Volke und wartete seiner. Darum gab er die Reise auf und zog wieder nach Hause und gab den Grafen und den Rittern, die er mit sich hatte, Urlaub und ließ sie wieder nach Hause ziehen, ausgenommen Junker Gerhard, seinen Bruder; den rüstete er zugleich wieder aus zu Wasser mit 15 Schiffen. Mit denen segelte er nach der norwegischen Küste und wartete da auf die Holländer, die von Danzig kommen sollten. Und als die Holländer kamen und nichts Arges vermuteten, da segelte er gegen ihre Flotte und überwältigte sie und nahm Schiffe und Güter und fing die Leute, die Lösegeld geben konnten; die anderen setzte er ans Land und ließ sie laufen. Und das beste Gut nahm er aus den Schiffen und brachte es nach Kopenhagen, und das andere, wie Teer, Holz und Korn, brachte er mit den Schiffen nach dem Kiel und wollte es da verkaufen. Aber der Rat verbot den Bürgern, daß niemand von dem Gute kaufen sollte. Als die Nachricht nach Lübeck kam, daß Graf Gerhard in Kiel war mit dem Raubgute, da verbot der Rat zu Lübeck den Bürgern bei Strafe an Leib und Gut, davon zu kaufen, auf daß die Holländer hierin keine Ursache gegen die Hansestädte und den Kaufmann finden möchten. Weil er die Güter in Kiel nicht verschleißen konnte, segelte er nach Flensburg und verkaufte sie da und verkaufte wohlfeil, denn es hatte ihn nicht viel gekostet.

Holsteinische Chronik

Wie eine Diebin gerichtet wurde

Anno 1488 brach Gertrud Westfal bei nachtschlafender Zeit vor dem Hofe zu Schmoel in ein Haus ein. Darinnen war eine Frau. Dieselbe ward überwältigt; sie band ihr Hände und Füße, steckte ihr ein Stück Holz in den Hals und band ihr darauf einen Knebel in den Mund. Dann stahl sie ihr 3 Mark Lübsch weniger 4 Schilling, einen Rosenkranz, 2 Röcke, 2 Mäntel und viel anderes Zeug. Um dieser Untat willen ist sie allhier lebendig begraben.

Bremers Chronik

Ein Toter wird enthauptet

Als einstmals um Jahr Christi 1521 etliche Bürger der Stadt Kiel gegen Abend auf die Wache ziehen sollen und zu dem Ende sich auf dem Markt versammelt haben, gehen sie vorher in des Rates Keller, um etliche Kannen Bier zu trinken. Als sie nun von dem Stadtdiener zu bestimmter Zeit auf die Wache zu ziehen ermahnet werden, hat sich einer, Jochim Altschröder geheißen, gegen diesen Diener, der ihnen zugeordnet gewesen, mit Namen Marten Lütke, gesträubet und mit den andern nicht zugleich gehen, sondern noch länger trinken wollen. Das hat den Stadtdiener veranlaßt, ihn mit harten Worten anzugreifen, daß er seinen bürgerlichen Eid bedenken und gleich den andern sich gehorsamlich zur Wache einstellen solle. Als sich aber der Altschröder dessen weigert und sich wider den Diener trotzig

Marktplatz in Kiel, 1848

auflehnet, sind sie miteinander darüber in die Haare und Schläge geraten, und hat der Altschröder in solchem Lärm in- und außerhalb des Weinkellers so viel und insonderheit eine Wunde am Kopf davongebracht, daß man ihn, gleich als wäre er tot, von dannen in seine Behausung hat tragen müssen. Er ist auch nach zwei Tagen von solchen empfangenen Wunden und Schlägen gestorben, auch nach seinem Absterben wegen seines an gedachtem Orte verübten Frevels und Widersetzlichkeit vor dem Dänischen Tor auf einem Schoof Stroh enthauptet worden.

Bremers Chronik

Eine besondere »Gunst«

Im Jahre 1535 waren Gerichtsvögte der ehrsame Marquard Kistemaker und Jasper Ferst. Da ist ein Trommelschläger gewesen mit Namen Hans, der war aus Königsberg. Er hat am Mittwoch vor Fastelabend in Kathrina Tormanns Haus einen Krämer totgestochen und ist darüber ergriffen und in die Hechte gebracht worden. Da haben des Toten Freunde Klage erhoben und Lübsches Recht begehrt über den Totschläger und haben Bürgen gestellt, die dasselbe rechtliche Schicksal sollten leiden wie sie. Darauf sind die Gerichtsvögte in die Hechte gegangen. Und Hans hat vor ihnen und den angesessenen Bürgern Peter Steve, Klaus Hartmann und Hans Walbom zugestanden auf freien Füßen, daß er das getan habe und anders niemand. Darauf ist er des Freitags vor Gericht gebracht, und da ist entschieden, daß man ihn solle hinausführen und auf ein Rad stoßen. Da haben ihm die Freunde des Toten vergönnt, auf Bitten der Herren und vieler frommer Bürger, daß er von oben herunter gerädert werde. Das ist also geschehen, und er ist auf ein Rad gelegt. Und die Freunde des Toten haben alle Kosten wohl bezahlt. (Anmerkung von C. Mehlert und P. Nissen: 1. Es gab zwei Arten des Räderns. Bei der härteren wurde der Verbrecher auf die Erde gelegt, und dann wurden ihm mit einem Rade oder einer Keule die Glieder und der Rücken von unten nach oben hin zerstoßen. Darauf wurde er noch lebend mit zerbrochenen Gliedern auf die Speichen eines Rades geflochten und zur Schau gestellt. Bei der milderen Form wurde er von oben nach unten gerädert. Dabei erhielt er gleich zu Anfang den Gnadenstoß, der ihn sofort tötete. 2. Die Umwandlung der Strafe in eine mildere oder der Erlaß der Todesstrafe erforderte nicht nur die Zustimmung des Rates der Stadt, sondern auch die der Familie des Getöteten.)

Ficks Chronik

Verzeichnis eines Scharfrichters

Erstlich habe ich der dänischen Mette 8 Tage Kost und Bier gegeben und sie an dem Kaak gestrichen. (Anmerkung des Herausgebers: Am Pranger geprügelt).
2. Habe ich einen kleinen Jungen gehabt, denselben 8 Tage gespeiset und an dem Kaak gestrichen.
3. Noch habe ich die Stamersche 8 Tage sitzend gehabt, ihr Bier und Kost gegeben und sie am Kaak gestrichen.
4. Der Krusischen Schwester in der Brunswik 5 Tage gehabt, sie gespeiset und am Kaak gestrichen.

5. Noch die Leineweberische 8 Tage gehabt und gespeiset und am Kaak gestrichen.
6. Noch habe ich 4 Jungen 4 Tage gehabt und gespeiset, im Keller gestrichen und verweiset.
7. Hans Schröder und Lauritz Haar 14 Tage Kost und Bier gegeben und aufgehenket.
8. Gosche Wichmann und Hans Finke, beide 14 Tage gehabt, Kost und Bier gegeben und aufgehenket.
9. Seemann, der im Lütken Kiel versoffen, tot aufgehenket.
10. Noch grote Jakob 8 Tage Kost und Bier gegeben und aufgehenket.
11. Noch Marike, eines Fronen Tochter, 8 Tage gespeiset und auf dem Kuhberge den Kopf abgehauen und begraben.
12. Noch die Peltzersche, so versoffen, aus dem salzen Wasser geholet und auf dem Koberg begraben.
13. Noch hab ich Hans Mayer Kost und Bier gegeben in die 4 Wochen; darnach hab ich ihm auf dem Markt den Kopf abgehauen.

Friedrich Pahls Chronik

Unbarmherzige Volksjustiz

In späterer Zeit wurden die vermeintlichen Hexen zwar nicht mehr mit dem Tode bestraft, jedoch mußte man sie der Volksjustiz entziehen. Um dies zu bewirken und sie zugleich möglichst unschädlich zu machen, wurden sie aus der Stadt verwiesen. Das half aber den Unglücklichen sehr wenig. Zwar führte der Büttel sie bis an die Stadtgrenze und ließ sie dort laufen, allein eine Menge Volks begleitete sie und warf sie dann in der Regel mit Steinen zu Tode. Dies geschah am 5. März 1668 mit Trinke Gieten und einige Wochen später, am 25. April mit Trinke Hasen. Es wurden in solchen Fällen zwar Untersuchungen angestellt, welche jedoch zu keinem Resultat führten, weil man die ermittelten Täter entwischen ließ.

Schwarze-Fehses Chronik

Um den Tod gewürfelt

Im Jahre 1683, den 26. Oktober, ward hier ein scharfes Urteil an einem dänischen Soldaten vollzogen, weil er sich nebst ettlichen andern seinem Leutnant Sommerfeld widersetzet, nach demselben geschossen und darüber einen anderen Soldaten unschuldiger Weise getötet hatte. Er ward auf dem Markte in Kiel enthauptet und geviertailt. Zwei Viertel des Körpers wurden vor dem Holstentor und zwei vor dem Dänischen Tor auf hohen

Pfählen an der gemeinsamen Landstraße aufgestecket bis den 30. Juni 1684, da alles wieder abgenommen und durch den Nachrichter verscharret worden. Noch zween andere, die auch bei dem Lärm gegenwärtig gewesen, mußten zur selbigen Zeit auf dem Markt unter dem Galgen mit Würfeln auf der Trommel darum spielen, welcher von ihnen sollte gehenket werden. Von diesen ward einer an diesem Kniegalgen gleich aufgeknüpfet, der andere aber durch die Spießruten gejagt.

Müllenhoffs Sammlung

Das Mädchen und die Katzen

Als mein Vater noch ein Knabe war, passierte hier folgende Geschichte, erzählte eine alte Frau in Kiel. In einem Hause auf dem Walkerdamm, das einem Manne namens Arp gehörte, war mehrere Tage schon ein gewaltiger Lärm von Katzen auf dem Boden gewesen. Eines Abends will das Dienstmädchen Heu vom Boden für die Kühe herabholen. Da das Geheul der Katzen fortdauerte, sagte sie: »Du verdammte Katt, wat jaulst du so?« und wirft dann mit dem Türhaken nach der Katze. Als das eben geschehen ist, fahren alle Katzen auf das Mädchen los, zerreißen und beißen sie und machen sie ganz zuschande. Das Mädchen schrie und jammerte, aber es dauerte noch etwas, ehe die Herrschaft es hörte und hinaufkam. Da konnten sie kaum die Katzen von dem Mädchen loskriegen. Das Mädchen war davon sterbenskrank geworden. Es hielt zehn bis elf Wochen an; die Doktors konnten ihr nicht helfen, und im Hause war jede Nacht ein schrecklicher Lärm; die Katzen schrieen und miauten, auch die Kühe brüllten beständig; keiner wagte sich auf den Boden. Da hörten die Leute endlich, daß ein Mann auf Dorfgaarden wohnte, namens Thöming, der so 'was verstehe. Sie ließen ihn holen, und als er die Kranke sah, so sagte er, er wolle dem bald helfen. Er setzte sich darauf vor das Bett, drückte aus einer Wunde des Mädchens etwas Blut und fing dann an zu lesen aus einem Buche. Da kamen alle Katzen in die Stube über die Schwelle gepurzelt nach einander bis vor das Bett, gewiß zehn Stück. Dann hat er wieder gelesen und sie ebenso wieder hinausgelesen. Am andern Morgen war die nächste Nachbarin ebenso zerrissen wie das Mädchen, denn sie war eine Hexe gewesen, und nun hatte der Mann die Katzen durch das Lesen gezwungen, sie auch so zu zerreißen. Von dieser Zeit an war alles ruhig im Hause, das Mädchen ward wieder gesund, aber hinkte davon. Als ich ein kleines Kind war, habe ich sie noch gekannt, sagte die alte Frau.

Braunschweigische Reimchronik

Das Kreuz Christi rettet die Stadt

Anno 1261 hatten die Königin Margareta von Dänemark und ihr Sohn, der junge Erich Glipping, einen großen Krieg mit denen von Holstein. Nach mancher Schlacht kam es zu einem Streit auf der Lohheide. Die Königin, ihr Sohn und viele ihres Volkes wurden gefangen. Da ließ die Königin einen Brief schreiben an Herzog Albrecht von Braunschweig und kürte ihn zu einem Vormunde über das Dänenland. Nun sammelte der Herzog ein starkes Heer und zog nach dem Holstenlande. Dort plünderte und brannte er allenthalben ohne Schonung. Er gewann auch die Stadt Plön binnen kurzer Zeit. Von dannen zog er vor den Kiel mit seiner Schar. Die Stadt ließ er an allen vier Enden stürmen zu Wasser und zu Lande. Viel' große Steine warf man von den Planken gegen ihre Schilde. Mit Geschossen spielte man da, wie die Frauen tun mit dem Balle. Manch' glänzender Helmschmuck ward so getroffen, daß er dem Manne an den Brustharnisch ging. Als der Fürst merkte, daß er mit all' seinen Leuten die Stadt nicht stürmen konnte, suchte er einen anderen Weg. Er ließ viele Weinfässer und Tonnen füllen mit Fett, Speck, Schwefel und anderen Dingen. Die legte man an ein großes Schiff. Zuletzt zündete man es an, als der Wind auf die Feste stand, und ließ es gegen die Planken treiben. Des ward gar manches Herz in der Stadt unfroh und voll des Jammers. Das Kreuz unseres Herrn holten sie aus der Kirche St. Nikolai und trugen es auf die Wehre. Sogleich begann der Wind sich zu wenden, so daß er das Schiff von dannen trieb. Da der Herzog das sah, brach er mit dem Heere auf und zog mit den Seinen wieder nach Plön.

Dr. Martin Luther an den Kieler Pastor M. Schuldorp

Dem ehrbaren und vorsichtigen Marquard Schuldorp vom Kiel wünsche ich, Martin Luther, Gnade und Friede in Christo.

Euer Schreiben, so Ihr vor kurzem an mich gesandt, habe ich gelesen, mein lieber Marquard, und glaube, ja weiß wohl, daß sich viele ärgern und groß' Gewäsch darüber machen, daß Ihr Eure Schwesterntochter zur Ehe genommen habet. Und es wird Euch nichts helfen, daß Ihr es getan habet mit meinem Rate und Erlaubnis, die ich aus göttlicher Schrift genommen habe. Ja, das machet erst das Ärgernis am größten, daß Ihr den Erzketzer und verdammten Menschen, den Teufelsapostel und Apostaten, den Luther hierin um Rat gefraget habt und ihm gefolget seid. Dem allerheiligsten Vater, dem Papst, solltet Ihr Geld gegeben und demselben Frauenhändler solche Frauen abgekauft und bezahlt haben, das wäre recht, christlich und göttlich gewesen; das hätte kein Ärgernis gegeben, und wir wären als ein frommes Kind geehret worden. Der Bösewicht Luther gibt recht und nimmt kein Geld dafür; ist das nicht eine große Dreistigkeit; wie kann man's leiden?

Nun, lieber Marquard, ich bekenne und gestehe es, daß es mein göttlicher Rat und Erlaubnis sei; denn das ist unser Grund und Fels: was Gott nicht verbietet, sondern freiläßt, das soll jedermann freibleiben. Nun ist das offenbar, es mag auch niemand anders sagen, denn, daß Gott nicht verboten, sondern freigelassen hat, daß sich Geschwisterkinder mit einander verehelichen, einerlei, ob jemand seines Bruders oder seiner Schwester Tochter nehme. Trotz denen, die hier einen Buchstaben anders anführen, wiewohl sich der Papst auch nicht allzu scheußlich wehrt, solches nachzulassen, wenn Geld oder Gunst Fürbitte tun, obgleich er sonst ein gestrenger Herr ist. Wir achten aber, daß Gott der Allmächtige werde ja so klug sein, Gesetze zu machen und Leute zu regieren, wie der Papst, und es werde uns sicherer sein, Gott zu folgen, denn dem Papst. Aber das hilft nicht, hier ist kein Hören; man sage, schreibe, singe oder lese, so stehen sie wie die Stöcke, ja wie die Steine, kurzum, Augen und Ohren zugetan, mit dem Kopf hindurch: »Ketzer, Ketzer, Ketzer, es ist nicht recht, es ist nicht recht,« wie die tollen, rasenden Hunde oder reißenden Tiere im Walde. Wohlan, weil sie denn schlechterdings nicht hören und mit Gewalt solcher göttlichen Freiheit gewehret und gedämpft haben wollen, so werden wir wiederum ihrer tollen Gewalt zum Trotz alles das sagen, was sie auf das allerhöchste verdrießt und auf das allerbitterste ärgert. Ich habe auch eine Nonne zur Ehe genommen und würde gerne noch mehr Ärgernis anrichten, wenn ich 'was mehr wüßte, das Gott gefiele und sie verdrösse. Damit kühle ich mein Mütlein an ihrem Toben wider das Evangelium, daß sie zornig werden, und ich gebe nichts darauf, je mehr sie es nicht wollen. Pochen sie auf Gewalt, so trotze ich auf das Recht und will sehen, ob Gewalt über Recht endlich gehen und bleiben werde. Also, rate ich Euch, tut Ihr auch. Leid sollte es Euch sein, wenn sie sich nicht an Euch ärgern. Des sollt Ihr lachen und guten Mutes sein, dieweil Ihr wisset, daß es Gott gefällt. Daß aber etliche Schwache auch sich davon ärgern, das ist nicht unsere, sondern der Tyrannen Schuld, die dem Evangelio wehren, daß es nicht dahin komme und die Schwachen belehren könne; darum werden sie dafür verantwortlich gemacht. Auch wenn es

dahin kommt, daß christliche und göttliche Freiheit wird gedämpft oder geschändet werden, ist derselbigen mehr wahrzunehmen, als der Schwachen, denn an Gottes Wort liegt mehr, als an der ganzen Welt...
Ferner habt Ihr das mächtige Exempel Abrahams, welcher seine Sara bekennt als seine rechte Schwester (des Vaters halben und nicht seiner Mutter halben, 1. Mos. 20, also seine Stiefschwester). Abraham ist aber weit mehr, denn alle Päpste sind, und ist nicht darob zum Teufel gefahren, sondern hat Gott gefallen in solcher Ehe. So wird auch dem Exempel nach niemand in Gefahr laufen. Ärgern sie sich nun und lästern des heiligen Erzvaters Abraham Werk und Exempel, so laß sie sich ärgern. Gott, dem Abraham damit gefallen und gedienet hat, wird sie wohl finden. Allein verachtet nur ihr Ärgern und Lästern so hoch, wie sie Eure Ehe nicht lästern und verachten! Hiermit Gott befohlen! Amen!
Zu Wittenberg den 4. Januarii 1526.

H. Eckardt
Klopstock als Poseidon

Es ist natürlich, daß sich in Kiel oft diese Schöngeister zusammenfanden und dort ein reger Austausch der Gedanken stattfand; schon 1776 hatte Klopstock in Gemeinschaft mit Büsch, Gerstenberg und Friedrich Leopold Stolberg Kiel besucht. Klopstock, der begeisterte Verfechter des Badens, Schwimmens und Tauchens, frönte in der Kieler Bucht dieser Leidenschaft und badete fast täglich zweimal dort. Heitere Szenen scheinen dabei vorgefallen zu sein, die um so mehr auffielen, als das Baden im offenen Wasser damals noch für etwas Außergewöhnliches galt. Klopstock selbst berichtet hierüber in einem Briefe an Schönborn vom 8. August 1776: »Wir sind acht Tage dort gewesen. Weil ich in der großen Hitze, die wir hatten, ohne Baden die Freuden des Wiedersehens nur halb würde genießen können, haben wir manchen Tag zweimal dem Kieler Jungfernstieg gegenüber an einer Stelle, wo sich die Küste erhebt, gebadet. Einmal sind wir von braven Leuten mit einem Telescope bekukt, und ein andermal von Professoren bemäkelt worden, und zwar folgendermaßen: Da sind denn nun diese Herren hergekommen, um ihre geistigen Aufwallungen in der Ostsee abzukühlen. Stolberg deklamierte einmal Verse aus Homer, bald aus dem Original, bald aus seiner Übersetzung, und ich machte die Gestus dazu, auf der Fläche des Wassers nämlich, und ihm oft ins Gesicht. Wenn er es mit Poseidonen zu laut machte und es gar selbst sein wollte, so bekam er solche Wellen ins Gesicht, daß er fliehen mußte.«

G. F. Schumacher

Kieler Professoren

»Dies waren denn die Spender der Weisheit und Wissenschaft, an die wir gewiesen waren; gute und schlechte Ware durcheinander, wie noch jetzt allenthalben, und von allen waren nur höchstens sechs bis acht in eigentlichem Ansehen; die übrigen liefen so mit und verzehrten ihr Gehalt mit mehr oder minder Geschmack...
Sehr gespannt wartete ich seines Eintritts das erste Mal. (Kirchenrat Geyser, der um 1790 angesehenste der in Kiel lehrenden Theologen, der Herausgeber). Die Thür öffnete sich, und siehe, ein kleines, gelbes, vertrocknetes Männchen, mit schielendem, kurzsichtigem Auge, angethan mit einer halb gepuderten, von gelber Pomade starrenden Stutzperücke, schmutziger Wäsche, einem vor Alter blankengrün und gelb schmalgestreiften Oberrock, kalmanknen Beinkleidern, schwarzen Strümpfen und über die Waden hinabschlotternden weiten Schmierstiefeln, trat nicht keck und rasch, sondern schob sich gebückt, mit krummen Knieen ans und aufs Katheder. Beide Arme ineinander geschlagen lehnte er, mit der Nase fast auf seinem Heft, auf dem Katheder, und mit einer unangenehmen Stimme, im hochthüringer Dialekt, schnarrte er: Meine hochzuverehrenden Herren! Und nun ging es an. Ob er alles ablas, oder zum Teil extemporierte, weiß ich nicht; wohl aber das, daß man über die gediegene schöne Diktion und die Klarheit in allem, was er sagte, sehr bald seinen Dialekt und die ganze Karikatur der Form vergaß; so wie man denn, nach der herrschenden Weise der Zeit, auch wenig Muße fand, ihn anzusehen; denn möglichst buchstäbliches Nachschreiben seiner Worte schien jedem unerläßlich, und er diktierte nur sehr wenig.«
Über den Theologen Eckermann heißt es: »Steife, pedantische Form sprach sich in seinem ganzen Wesen aus. Sein Anzug war sauber, seine Perücke groß und regelmäßig und fein gelockt und gepudert, aber seine Sprache singend, langsam, berechnet und größtenteils ward alles abgelesen. Er las fast nur *Hebraica;* was er sonst ankündigte, war schwach besetzt oder kam gar nicht zu stande.«
Von dem Juristen Trendelenburg schreibt er: »Ein alter, aber jugendlich eleganter Mann, in schön gepuderter Frisur, schwarzseidener Weste und Unterkleid und rotem Scharlachrock mit blinkenden Stahlknöpfen; dabei ein trefflicher Kopf, geschmackvoller Redner, zierlicher Lateiner, kurz eine imponierende Erscheinung.«
Ein Urbild des zerstreuten Professors muß der Jurist und Theologe Cramer ge-

wesen sein: »Nie habe ich einen Menschen gesehen, der auf eine auffallendere, aber dabei höchst arglose, liebenswürdige Weise distrait sein konnte, als er. Er ritt einst aus. Sein Pferd kehrte um, ging wieder in den Stall an seine Krippe, und da fand man Cramer nach einer Stunde noch oben auf seinem Gaul, emsig lesend, und wahrscheinlich in dem Glauben, er sei auf seinem Lehnstuhl. Er sollte einst in der Schloßkirche predigen. Der Hauptgesang war aus, der Prediger noch nicht da; der Küster steckte noch eine Nummer an, dann noch eine; und die Gemeinde singt geduldig, obgleich verwundert fort. Endlich war es doch zuviel, man ging weg, glaubte, ihm sei ein Unglück zugestoßen. Man fand ihn endlich in Düsternbrook, spazierend und in Gedanken vertieft. Er hatte es bloß vergessen, daß es Sonntag sei und er zu predigen versprochen hatte. Beim ersten Probespiel auf einem neuen Instrument (worauf er Meister war), steht er ganz bedächtig auf und geht in die andere Ecke des Zimmers. Was wollen Sie, Cramer? Ei nun, antwortete er ganz ruhig, ich will nur hören, wie es in der Ferne klingt. So war er durch und durch und ohne alle Affektation.«

Bekannt und beliebt war der Historiker Hegewisch. »Mehr als alle in dem *ordo philosophorum* galt mir bald der alte Hegewisch als Historiker. Neben ihm las auch Christiani Geschichte, aber wer mir nicht aufs Wort glauben mag, daß er knochentrocken und langweilig war, der lese seine Geschichte von Holstein, und büße dadurch für seinen Unglauben. Von ihm war wenig die Rede, auch nicht von seiner Logik, die er alle Jahre ausbot, ohne mehr als drei oder vier Käufer zu finden. Hegewisch aber galt den Studenten gewaltig. Nicht alle trieb der Geschmack an der Sache zu ihm, sondern es hieß: Hegewischs Universalgeschichte und Staatsgeschichte muß man hören, und das war für die meisten genug. Wenn man denn muß, so muß man; und so gingen sie hin, und gewöhnlich sammelten sich über 60 Hörer. Natürlich war denn auch ich gleich im ersten halben Jahr einer derselben, und mein Geschmack an der Geschichte bekam durch ihn seine erste Grundlage.«

Jules Verne

Die Kieler Bucht

Die Kieler Bucht ist ohne Zweifel eine der schönsten und sichersten von ganz Europa. In diesem geräumigen Wasserbecken könnten alle Flotten der Erde Schutz suchen und sogar manövrieren. Kiel selbst liegt (vom Lande aus) links am Ende des Hafens mit einem Hintergrunde von üppigem Grün. An der anderen Seite befindet sich das von der Stadt völlig getrennte

Ausblick von Bellevue auf die Kieler Bucht, um 1845

und mit hohen Mauern umfriedigte Arsenal. Der Kieler Busen ist von einem dichten Rahmen herrlicher Bäume eingefaßt. Ulmen, Buchen, Kastanien, welche oft bis zum Strande herabgehen, erreichen hier eine kaum glaubliche Größe.

Zahlreiche Landhäuser schimmern auf den die Bucht umgebenden Hügeln lachend aus dem dunklen Grün hervor, während die verschiedenen Punkte des Hafens durch flinke Dampfer in bequemer Verbindung gesetzt sind. Man kann sich kaum einen freundlicheren, erquickenderen Anblick denken, als den jener Häuschen von oft phantastischer Bauart, welche das schöne, wechselreiche Ufergestade schmücken. Ohne Zweifel entwickelt sich dieses bevorzugte Stückchen Erde in nicht ferner Zeit zum Stelldichein der vornehmen deutschen Gesellschaft, zu einem Brighton Norddeutschlands, aber einem unendlich viel grüneren, schattigeren, waldesduftigeren Platze als jenes Brighton an der englischen Küste, das, von der See aus gesehen, durch seine einförmige Dürre der Landschaft eher abschreckt.

Wir brauchen wohl nicht besonders zu bemerken, daß der Kieler Busen sorgsam und zweckmäßig befestigt ist. Die sehr enge Einfahrt zu demselben wird von furchtbaren Batterien beherrscht, welche jene übers Kreuz bestreichen. Ein feindliches Schiff, das diesen Weg zu forcieren versuchte, würde zweifellos binnen weniger Minuten zerschmettert sein.

Die Schleswiger,
so tugendhaft wie langsam

Graf Adelbert Baudissin

Schleswigsche Sauberkeit

Mag man durch den Friedrichsberg oder über den Holm (beides Stadtteile von Schleswig, der Herausgeber) wandern — eins fällt jedem Fremden auf — die außerordentliche Reinlichkeit selbst der kleinsten Fischerhäuschen, und die Sorgfalt, welche die Hausfrauen auf ihre Fensterscheiben verwenden. In keiner Stadt habe ich größere Sauberkeit angetroffen, nirgends mehr Blumen in den Fenstern gefunden; in manchen Gegenden, wie im Lolfluß, wechseln Gärten und Häuser miteinander ab, und man braucht nicht erst in's Freie zu gehen, um den fröhlichen Chor der Singvögel und die schmelzenden Akkorde der Nachtigall zu hören. Die großen Palais und Privatwohnungen, die seit dem Jahre 1848 fast alle leer stehen, jetzt aber zu Lazarethen verwendet werden, sind allerdings zum Theil verwahrlost und verfallen; wo aber eine schleswigische Hausfrau schaltet und waltet, da herrschen Sauberkeit, Reinlichkeit und Ordnung in ungewöhnlichem Grade, und wer mittwochs und sonnabends über die Straße geht, thut gut daran, einen Regenschirm aufzuspannen, wenn er nicht Gefahr laufen will, von einer tugendhaften Bürgersfrau oder einem patriotischen Dienstmädchen naß begossen zu werden. Diese beiden Tage scheinen nämlich vor allen andern den Fensterscheiben gewidmet zu sein, und wo ein Fenster sich zeigt, da kann man sicher darauf rechnen, ein weibliches Wesen mit Wassereimer und Fensterbürste zu finden. Wie es an einem solchen Tage *in* den Häusern aussieht, weiß Niemand; nur soviel steht unwiderleglich fest, daß die Väter der Stadt ihre öffentlichen und geheimen Zusammenkünfte, Kegelklubs und politische Vereine nie stärker und länger frequentieren, als mittwochs und sonnabends, und ich glaube behaupten zu dürfen, daß keine Schleswigerin darein willigen würde, an einem dieser beiden Martertage Hochzeit oder Kindtaufe zu halten.

Schleswigsche Scheu

Eine Welt voll Vaterlandsliebe und edler, guter Eigenschaften im Herzen, scheuen sich die Schleswiger — dieß gilt von den Bewohnern des ganzen Herzogthums — ihre Gefühle öffentlich zur Schau zu tragen und sich in ihrem ganzen Werthe zu zeigen, und man möchte sie Urweltsphilister nennen, wenn man nicht wüßte, daß sie bei Fridericia und Idstedt mit Heldenmuth gekämpft und ihre Kinder in glühender Liebe zum Vaterlande erzogen haben.

Wer Schleswig flüchtig besucht, verliert alle Illusionen; wer das Volk näher kennen lernt, wird es lieben.

*

Der Schleswiger Dom

Nach dem Gottorper Schlosse ist die Domkirche wohl das älteste und interessanteste Gebäude Schleswigs. Sie soll im zehnten Jahrhundert erbaut worden sein und Anfangs zwei Thürme gehabt haben, die aber im Jahre 1275 niederstürzten; im Jahre 1448 brannte die Kirche ab, wurde aber im Laufe der nächsten Jahre schon wieder aufgebaut, und zwar ohne Thürme, und nur mit einer Kuppelspitze versehen, die zu dem kolossalen Gebäude in gar keinem Verhältniß steht. Weil eine Kirche aber nicht ohne Glocken sein kann, das winzige Thürmchen aber höchstens ein Glöckchen tragen konnte, ließen die Mönche und Domherren ein eigenes Glockenhaus bauen, welches neben der Domkirche Schildwacht steht und eine der größten und volltönendsten Glocken Europas beherbergt. Ich wohnte in meinen Knabenjahren in nächster Nähe dieses Glockenhauses und hatte von den Bürgern gehört, daß das Gebäude über Nacht zusammenbrechen könne, weil es starke Risse und eine bedeutende Neigung nach vorn bekommen habe, weßhalb es sündhaft und gefährlich sei, die große Glocke zu läuten. Ich habe manchen lieben Sonntagmorgen unverwandt nach dem Glockenturm geschaut — in der Hoffnung und Erwartung, daß er niederfallen würde, und daß ich die jungen Dohlen erwischen könnte, wenn sie sammt dem Gebälke zur Erde stürzten, auf dem sie — für mich unerreichbar — thronten; aber es ging mir wie dem Engländer, der seit fünf Jahren mit Renz's Menagerie umherreist und jeden Abend erwartet, daß der Löwenbändiger von den wilden Bestien zerrissen werden wird; — der Glockenthurm steht noch, und die Glocke brummt wie vor dreißig Jahren, und wenn die Strebepfeiler nicht nachgeben, die zum Schutze des zerborstenen Gemäuers aufgeführt sind, so wird noch ein Menschenalter vergehen, bis ein neues Gebäude nothwendig ist...

Dom zu Schleswig

Interessanter als der Glockenthurm... ist jedenfalls das Innere der Domkirche, und ganz besonders das Altarblatt, das von dem Husumer Ehren Brüggemann geschnitzt ist. Die Sage erzählt, daß der Künstler nach beendetem Meisterwerke geblendet worden ist, damit er für keine andere Kirche ein ähnliches Kunstwerk schnitzen könne; ich glaube aber, daß unsere Vorfahren Kunstprodukte und Künstler viel höher stellten als wir, und bin überzeugt, daß Ehren Brüggemann für seine Arbeit reichlicher belohnt und mehr geehrt worden ist, als die Väter der guten Stadt Schleswig ihn belohnen und ehren würden, wenn er ihnen heute sein Altarblatt präsentieren würde.

Außer dem Altarblatte sind noch merkwürdig die Orgel, das Mausoleum König Friedrichs I. und ein Gemälde von Jurian Ovens.

In der guten alten Zeit wurde der Gottesdienst in der Domkirche fleißig besucht; während der Dänenherrschaft gingen nur dänische Beamte und alte Weiber, die von Jugend auf daran gewohnt waren, sonntags unter der Predigt zu schlafen, zur Kirche. Ob es vorgekommen ist, was sich in Angeln häufig wiederholt hat, daß Pastor und Küster selbander Gottesdienst gehalten, will ich nicht verbürgen. Jetzt, wo die schwarze Gendarmerie Schleswigs in ihre Heimat zurückgekehrt ist und auf der Kanzel nicht mehr *das* Mensch, statt *der* Mensch gesagt wird, wo das *mir* und *mich* nicht unverzeihlich mit einander in Kollision kommen, jetzt, sage ich, wo Schweinehändler, Chauseesteinklopfer und verballerirte Schnapssäufer nicht mehr im geistlichen Ornate erscheinen und mit lallender Zunge Kindtaufen halten dürfen, die nachher wieder »umgemacht« werden müssen, weil Se. Ehrwürden in der Betrunkenheit die Taufformel vergessen hatte, jetzt, wo anständige und in der deutschen Sprache wohl bewanderte Männer die Kanzel besteigen, wird sich der Kirchenbesuch wohl wieder heben.

Das Holmer Mövenspektakel

Die Holmer führen ein streng patriarchalisches Leben und sind im Grunde genommen Republikaner; trotzdem wird alljährlich Einer von ihnen zum König gewählt, und zwar zum König über die Möven, welche die Insel in der Schlei bewohnen und den Schleswigern jedes Jahr Gelegenheit geben, den Mövenpreis zu feiern.

Die Insel liegt dem Gottorper Schlosse gegenüber, zwischen Haddeby und dem Lolfluß, und soll in alten Zeiten durch ein gewaltiges Schloß geziert worden sein, von dem aber keine Spur mehr aufzufinden ist. Statt edler Ritter und Fürsten hausen jetzt allerliebste kleine Möven auf ihr, die im Anfang des Märzmonats aus wärmeren Gegenden zu ihren Brutstellen zurückkehren und sogleich unter den speziellen Schutz eines Königs gestellt werden, der — unähnlich vielen anderen Herrschern — darauf zu achten hat, daß seinen Unterthanen nichts abgenommen wird. Nacht und Tag muß er wachen, daß niemand die Insel betritt und Eier raubt, und wenn die dritte Brut ausgekrochen ist und eine ziemliche Größe erreicht hat — was um die Mitte des Julimonats einzutreten pflegt — macht er dem Magistrat Anzeige, daß der Mövenpreis abgehalten werden kann.

Der Magistrat nimmt die Anzeige gebührend ad acta und macht durch das Intelligenzblatt der Stadt — dem Blatte fehlt freilich jede Spur von Intelligenz — männiglich bekannt, daß an dem und dem Tage, mittags um zwölf Uhr, der und der Forstbeamte in voller Uniform die Möveninsel betreten und durch feierliches

Schloß Gottorp

Abfeuern seines Gewehrs ein Zeichen geben werde, daß die bisher gehegten und gepflegten Bewohner nach Belieben können geschossen und gefangen werden. Schon am frühen Morgen des verhängnisvollen Tages sieht man ehrwürdige Philister, kaum erwachsene Buben, Rathsherren und Schneiderlehrlinge mit Doppelflinten, Pistolen, Musketen, Entenbüchsen und Muskedonnern verdächtige und staatsgefährdende Übungen anstellen. Hier ladet ein dicker Bierbrauer ein Pfund Schrot auf eine Handvoll Pulver, dort sucht ein Seifensieder das Piston abzuschrauben, hier werden alte Feuerschlösser reparirt, dort verzweifelte Anstrengungen gemacht, den eingerosteten Ladstock herauszuziehen, dazwischen laufen Weiber und Kinder mit enormen Pulverhörnern, schweren Schrotbeuteln und ganzen Schachteln voll Zündhütchen ab und zu...

Da erschallt ein tausendstimmiges Hurrah. Der Forstbeamte hat seinen Kahn bestiegen und läßt sich auf die Schlei hinausrudern; in wenig Minuten hat er das Ziel seiner Seereise erreicht; er springt ans Land, knallt in die Luft — und Tausende und Abertausende von Möven erheben sich wehklagend und bereuen zu spät ihr Vertrauen. Kaum hat der Forstbeamte seine Ceremonie beendet, so ergreift Alles, was Hände hat, die Ruder, um desto eher die Insel betreten zu können... Hunde aller Farben und Rassen springen winselnd und bellend ins Wasser, und piff, paff erschallt es von allen Seiten; der Rathsherr sitzt auf den Schultern des Mövenkönigs, der unter der Last im Moraste stecken geblieben ist, und knallt ins Blaue; der Handschuhmacher feuert seinen Ladstock in die Wolken; der Bierbrauer verliert die Zündhütchenschachtel, dem Metzger wird ein Gewehr bei den Ohren abgeknallt, daß er rückwärts taumelt; der Schneider wendet den letzten Odem an, um seinen Lehrling zu rufen, der mit dem Pulverhorn in die Schlei gefallen ist; der Nachbar fällt über den Nachbar her, weil jeder behauptet, die Möve geschossen zu haben, die ein Dritter getroffen — kurz, es ist ein so lebendiges Volksfest, wie es kaum ein zweites geben dürfte, und wer davon kommt, ohne bis unter die Arme ins Wasser gefallen oder sonstwie beschädigt zu sein — hat sich vortrefflich amüsirt.

*

Wenn Schleswigs Kinder tanzen

Es ist Sonntag. Draußen vor dem Hause unter herrlichen Buchen, die ihre schlanken Äste fächerartig ausbreiten, sitzen Schleswiger Philister und kehren der tiefblauen Schlei und ihren sammetgrünen Ufern den Rücken zu; sie spielen Solo.

Auf der Schlei

Hinter dem Hause ist eine Kegelbahn; kräftige Bauernburschen werfen acht um den Herzog und alle neun, auch wohl bisweilen den Kegeljungen als Zugabe; Kinder tummeln sich am Strande umher und sammeln Muscheln; die Gefolterten, die eben dem Wagen entstiegen, recken die Glieder, und Jeder sieht den Andern voll Verwunderung an, weil er noch am Leben ist; — in der Wirthsstube aber ist eitel Jubel und Lust; eine Flöte, Violine und Trompete ertönen, und die Bauernkinder der Umgegend, mit schleswig-holstein'schen Bändern geschmückt, tanzen mit einem Anstande, einem Sonntagsgesichte, daß man nicht weiß, worüber man sich mehr wundern soll — über den Flötenspieler, der nicht Takt halten kann, oder über das unerschütterliche Phlegma, das schon den Kindern innewohnt. Kleine sechsjährige Mädchen mit blitzblauen Augen und strohgelben Haaren, die wie Rattenschwänze um den Kopf gebunden sind, verziehen keine Miene, wenn ein vierschrötiger Bengel von acht Jahren einen *servus* macht, und, ohne ihre Antwort abzuwarten, die sorgfältig abgeseifte Hand um ihre Taille legt und verzweifelte Sprünge macht, bis er im Takte ist. Der Schweiß tropft von den kleinen Wesen herab; alles ist ihnen zu eng; die Schuhe kneifen sie, daß sie aufschreien möchten; die Stecknadeln stechen, das Mieder drückt, das Halstuch droht sie zu erwürgen — aber getanzt muß werden — und getanzt wird mit einem Leichenbittergesichte! Und wehe dem kleinen Mädchen, wehe dem armen Jungen, wenn sie sich unterstünden, vor Freude und Lust aufzujauchzen; wie würden die ehrbare Mutter und der steifleinerne Schullehrer über sie herfallen und sie knüffeln, weil sie es gewagt, ihre Freude zu zeigen! Nur einen Augenblick wagte sich der Schullehrer ins Freie, um frische Luft zu schöpfen; ich suchte ihn in ein Gespräch zu verwickeln, damit ich mich an seiner Angst weiden könnte, aber nur eine Sekunde hielt er Stand, in der nächsten verschwand er mit dem Ausrufe: »Ich muß auf die Kinder passen!«

Ja, dieses ewige Aufpassen und Bevormunden! Dieses ängstliche Wachen, daß Alles im gewohnten Gleise bleibt...

*

Schleswigs altes Irrenhaus

Das Schleswiger Irrenhaus, welches auf einer Anhöhe nördlich der Altstadt liegt, hat eine so reizende Umgebung von Gärten, Wäldern, Hügeln und Thälern, daß ich mir keinen lieblichern Aufenthaltsort denken könnte — wenn er nur nicht von Verrückten und Wahnsinnigen bewohnt würde! Das Institut, welches 1820 gebaut, seitdem aber schon zweimal erweitert wurde, und trotzdem, daß es für 400 Personen Platz hat, *Filialen* hat anlegen müssen — war eines der gemeinschaftlichen *nichtpolitischen* Bande, welche nach den Verträgen von 1852 die Herzogthümer Schleswig und Holstein miteinander verbanden. Die armen Herzogthümer hatten das Zuchthaus in Glückstadt, das Irrenhaus, die Kieler Universität und die Brandkasse gemeinschaftlich. Wer aber in Kiel studierte, bekam in Schleswig kein Amt, und die Beamten in Schleswig kamen weder in's Irrenhaus noch in's Zuchthaus; und weil die schändlich mißhandelten Schleswig-Holsteiner sich Letzteres stärker zu Gemüthe zogen, als sich mit ihrem Nervensystem vertrug, nahm die Zahl der Geisteskranken in den letzten Jahren auf erschreckende Weise überhand. Besonders waren es die Angeliter, welches ein starkes Kontingent lieferten; der Grund dieser betrübenden Erscheinung ist aber gerade bei ihnen weniger in politischer Unzufriedenheit als darin zu suchen, daß sie immer unter sich heirathen...

Es gibt Menschen, die Vergnügen daran finden, die Wahnsinnigen zu besuchen und ihr tolles Geschwätz anzuhören; ich gestehe, daß ich lieber mit Vernünftigen spreche, und daß mir schon gram, wenn ich Fräulein von H. begegne, die sich für eine achthundertjährige Jungfrau — und was noch schlimmer ist — für die Urheberin alles Bösen betrachtet, daher jeden flehentlich um Verzeihung bittet, wenn es regnet oder stürmt.

Sammlung Christian Jenssen

Was sich die Schleswiger erzählen

Der gestohlene Becher

Zwei kleine Bauernjungen spielten an einem Mittag im Felde. Während sie nun emsig nach bunten und runden Steinen scharrten, öffnete sich eine Höhle. »Laat uns dar mal inkrupen!« sagte der eine. »Nä, Jung«, antwortete der andere, »dar wahnen gewiß Ünnereerschen.« »Denn will ik herin«, sagte der erste, ein beherzter Junge, »det Middags schlöppt dat Tüch.« Er warf sich auf die Erde und kroch auf allen Vieren hinein; da schliefen wirklich die Unterirdischen, eine ganze kleine Familie, ringsherum an den Wänden. Alle lagen auf Matten. Dem Jungen ward aber unheimlich, und er wollte sich schon wieder davonschleichen, als er auf einem runden Tischchen einen kleinen hübschen Becher gewahr ward. Er ergriff ihn und nahm ihn mit. Die Mutter freute sich, als er nach Hause kam, über das Kleinod, aber der Vater verwies es dem Jungen und gebot ihm, den Becher wieder an Ort und Stelle zu bringen. Der Junge mußte sich also wieder auf die Beine machen. Unterdes hatten die Unterirdischen den Verlust bemerkt. Um ihre Höhle zu verbergen, hatten sie alles dem Erdboden gleich gemacht, daß auch nicht eine Spur zu finden war.

Weinend kam der Junge mit dem Becher wieder nach Hause. Da war eben ein Kaufmann eingekehrt; denn sein Vater hatte ein Wirtshaus. Nachdem der den Becher betrachtet hatte, sagte er: »Das Ding ist von dem feinsten Golde. Ihr werdet doch nicht so närrisch sein und es dem Unzeug wiederbringen! Was soll es da unter der Erde?« »Na«, sagte der Wirt, »dat ward en schöne Geschichte warrn, wenn wi't beholen.« —

Nun kam eines Abends ein junger Mann spät vom Felde und wollte ins Dorf. Da umzingelten ihn die Unterirdischen und sagten, er solle im Dorfe bekanntmachen, daß der Dieb den Becher an den Grenzpfahl der Freimarken setzen möge; sie würden ihn da abholen. Geschähe es nicht, so würde es dem ganzen Dorfe schlecht ergehen, aber der ehrliche Überbringer würde immer unter ihrem Schutz stehen. Als der Wirt das erfuhr, nahm er abends seinen Sohn bei der Hand und ließ ihn selber den Becher zum Grenzpfahl tragen. Der Junge hat diese Geschichte in seinem Leben nicht wieder vergessen, aber ihm und seinem Hause ist es allezeit gut gegangen.

Helligbek

Zwischen Flensburg und Schleswig ist ein Bach, der Helligebeke, der früher der Jüdebeke hieß, aber seinen Namen änderte, weil der heilige Poppo darin das heidnische Volk taufte. Auch König Harald Blauzahn und sein Sohn Svend Gabelbart sind dort getauft worden. Daneben heißt auch ein Gehölz das Poppholz, weil Poppo da seine Predigten hielt. Reiter und Fuhrleute lassen ihre Pferde nicht aus dem Bache trinken, weil es bekannt ist, daß diese sich sogleich danach verfangen. Hier bei diesem Bache hat Poppo einmal ein Wunder verrichtet. Er zog ein mit Wachs getränktes Hemd an und forderte nun die ungläubigen Heiden auf, es anzustecken. Wenn er beschädigt werde, brauchten sie nicht seiner Predigt zu glauben; bleibe er aber unversehrt, sollten sie sich taufen lassen. Das gelobten sie. Als nun das Gewand angezündet war, erhub er seine Hände zum Himmel und erduldete den Brand mit großer Ruhe und Heiterkeit, und da es heruntergebrannt war, war auch nicht ein Brandfleck an seinem ganzen Körper sichtbar. Da nahmen Tausende den Christenmann an. Poppo benutzte den Stein, der auf der Poppholzer Koppel, nicht weit von dem Wirtshause Helligbek liegt, als Taufstein. Der Stein ist noch da, und man nimmt ihn nicht weg, obgleich er mitten im Acker liegt. Zu jener Zeit kam einmal ein Fremder zu Pferde durch den Bach. Mitten drin hielt er an, sein Pferd zu tränken, und fragte die Leute: »Ist dies das Wasser, in dem ihr getauft werdet?« Als sie bejahten, rief er: »So wünsche ich, daß mein Pferd in euer heiliges Wasser einen Dreck täte!« Sein Wunsch erfüllte sich, allein in demselben Augenblick war er mit dem Pferde wie festgenagelt; er konnte nicht von der Stelle und mußte lange Zeit im Bache halten. Da tat er das Gelübde, den Christen des Ortes eine Kirche zu bauen, und das half ihm aus der Not. Er hielt sein Wort, und die Sieverstedter Kirche, die etwa eine halbe Stunde entfernt liegt, ward von ihm gebaut. Sie ist daher eine der ältesten Kirchen unseres Landes.

Mühle in Arnis

Das zweigeteilte Flensburg

Graf Adelbert Baudissin

Das zweigeteilte Flensburg

Die Stadt selbst ist, einige schöne Gebäude ausgenommen, nicht hübsch, und zeichnet sich dadurch besonders vor allen anderen schleswig-holsteinischen Städten aus, daß sie winkelige, schmale und bergige Straßen hat, in denen die Sauberkeit oft schmerzlich vermißt wird, während die Bewohner mir immer wie ein schlechter Nachdruck der Hamburger Geldmenschen vorgekommen sind. Außerdem leidet Flensburg an einem ganz besonderen Übel: die südliche Hälfte der Stadt, schlechtweg der Süden genannt, ist deutsch gesinnt, während der Norden mit den krassesten Dänen gesegnet ist. Dieß hat sich bis in die neueste Zeit in solchem Grade erhalten, daß z. B. die Siege der Alliirten im Süden der Stadt durch Flaggen und Illuminationen gefeiert wurden, während im Norden heiße Tränen über die Niederlagen der Dänen flossen, und es ist dieß eigenthümliche Verhältniß um so auffallender, als der Norden ursprünglich eben so deutsch gewesen ist wie der Süden...

Die Stadt, die nie an übergroßer Intelligenz, sondern im Gegentheil an Indifferentismus und Geldstolz ihrer handeltreibenden Bewohner litt, wurde eine Zeitlang von dänischen Pöbelhaufen geradezu terrorisirt; wer deutsche Gesinnungen manifestirte, wurde ohne Weiteres in's Gefängnis geworfen und auf das Gräulichste mißhandelt, und da der König die Führer der Pöbelbande... Du nannte, zu seinen Gelagen zog und mit Orden schmückte, so blieb den deutschgesinnten Bürgern nur die Wahl zwischen Selbsthülfe und geduldigem Ertragen der unglaublichsten Bedrückungen und Beschimpfungen...

Trotzdem aber sind die Flensburger gemüthliche, mildthätige und gefällige Menschen; es ist mir vorgekommen, daß ich plötzlich einer Summe Geldes bedurfte, und daß ich sie von einem Kaufmann erhielt, der meinen Namen so wenig kannte, wie meine Person. Als ich ihm mein Befremden über seine Bereitwilligkeit, einem Unbekannten hundert Thaler vorzuschie-

Blick auf Flensburg, um 1845

ßen, ansprach, antwortete er: »Sie sind ja ein Deutscher!« Ein andermal bin ich spät des Abends mit vier Herren von Schleswig nach Flensburg gekommen, und da ich in keinem Gasthofe Quartier finden konnte, in das erste beste Haus gegangen und habe um Aufnahme gebeten. Die liebenswürdige Hausfrau lud uns sogleich zum Abendbrode ein, und sorgte mit einer Bereitwilligkeit für unser Unterkommen, die mich so beschämte, daß ich am andern Morgen davonlief, ohne gefrühstückt zu haben.

*

Flensburger Kapitäne

Im Ganzen genommen ist Flensburg eine Stadt ohne reges geistiges Leben; der Buchhandel hat nur schlechten Fortgang, die Leihbibliotheken sind unter dem Niveau des Allergewöhnlichsten, Kunstschätze sucht man vergebens, und eine frische Sendung Husumer Austern oder bayrischen Biers bringt gewöhnlich größere Sensation hervor, als das Erscheinen Alexander von Humboldts gethan haben würde.

Es gibt in Flensburg eine eigene Klasse von Menschen, die man im Innern Deutschlands vergebens suchen würde — reichgewordene Schiffskapitäne, die nach jahrelangem Umherirren in fremden Meeren von ihren Zinsen leben... Ich habe viele solcher Schiffskapitäne kennengelernt und die Entdeckung gemacht, daß sie erstens ihre Zimmer sehr geschmackvoll einrichten; zweitens daß sie immer korpulent und entschieden deutsch sind, und drittens, daß sie immer ganz magere Frauen und nie einen Sohn, höchstens aber zwei Töchter haben. Oft habe ich sehr belesene und wohl unterrichtete Leute unter ihnen getroffen; sie waren aber meist wortkarg und hielten auf Pünktlichkeit in den häuslichen Verrichtungen. Einen Schiffskapitän, der sich ein Reitpferd hielte, gibt es meines Wissens nicht; dagegen haben sie Papageien, Muscheln, allerlei sonderbare Schnurrpfeifereien und gewöhnlich einen kleinen abscheulichen Schooßhund. Sie sind gutmüthig, sparsam, phlegmatisch und können Cigarren rauchen, die jeden Anderen narkotisieren würden.

Sammlung Christian Jenssen

Was sich die Flensburger erzählen — Die Duburg

In alten Zeiten stand oberhalb Flensburgs ein Schloß, das hieß die Duburg, Nun hauste da einmal ein gottloser Ritter, der versündigte sich an dem Heiligsten. Da tat sich die Erde auf, und das Schloß versank mit allem, was darin war, und an die Stelle trat ein tiefer, unergründlicher Teich, der sogenannte Blaue Damm. Von dem Schloß ist nur ein kleines Stück Mauerwerk nachgeblieben. Aber in jeder Neujahrsnacht, sobald es von St. Marien zwölf schlägt, steht es in seiner ganzen alten Herrlichkeit wieder da. Dann erheben sich die Könige und Herren, die einst in dem Schloß gewohnt haben, aus dem Blauen Damm und reiten mit ihrem ganzen Gefolge in langem Zuge um das Schloß herum und endlich zum Tore hinein. Sobald aber der letzte ins Tor gekommen ist, schlägt es eins, und alles muß wieder versinken.

Es sind viele Schätze mit dem Schloß versunken. Aber sie werden von zwölf weißen Jungfrauen gehütet. Daher ist alles Graben vergebens. Diese zwölf Jungfrauen sollen auch in der Neujahrsnacht, in ihre langen Schleier gehüllt, dreimal um den Platz des ehemaligen Schlosses herumgehen, dann aber verschwinden.

Man erzählt, daß einmal hier zwei Soldaten standen und Wache hielten. Als der eine in die Stadt ging, geschah es, daß eine hohe weiße Frauengestalt zu dem andern kam, ihn anredete und sagte: »Ich bin ein unseliger Geist, der nun schon viele hundert Jahre umhergewandert ist, aber niemals werde ich Ruhe finden.« Dann vertraute sie ihm, daß unter dem Mauerwerk ein großer Schatz verborgen sei, den nur drei Menschen in der ganzen Welt heben könnten; er wäre aber einer von diesen. Der Mann, der nun sein Glück gemacht sah, gelobte, in allem ihren Befehlen nachzukommen. Da befahl sie ihm, in der nächsten Mitternacht wieder zur Stelle zu sein. Unterdessen war der andere Soldat aus der Stadt zurückgekommen und traf seinen Kameraden noch im Gespräch mit der weißen Frau. Doch verschwieg er das, was er gehört und gesehen hatte; er fand sich aber am nächsten Abend beizeiten ein und hielt sich in dem Gebüsch in der Nähe verborgen. Als der Soldat nun mit Spaten und Hacke kam, stellte sich auch die weiße Frau ein; aber sobald sie bemerkte, daß sie belauscht würden, setzte sie die Arbeit aus auf den nächsten Abend. Der andere Soldat, der nun vergebens auf der Lauer gestanden hatte, begab sich nach Hause und wurde plötzlich krank; er glaubte, daß es sein Tod sein würde. Da rief er seinen Kameraden zu sich und offenbarte ihm, daß er alles wüßte. Er ermahnte ihn dabei, sich nicht mit solchem Spuk abzugeben, sondern lieber bei dem Prediger Rat zu suchen, der ein kluger Mann war. Diese Ermahnung nahm der Soldat sich zu Herzen und entdeckte die Sache dem Prediger. Der befahl ihm jedoch, ganz so zu tun, wie die Frau es wollte, nur müsse sie zuerst die Hand ans Werk legen. Zur festgesetzten Zeit fand sich der Soldat am rechten Ort ein. Nachdem das Gespenst ihm die Stelle gezeigt hatte, sagte es zu ihm: »Wenn der Schatz gehoben ist, soll die eine Hälfte dir gehören, aber die andere sollst du zu gleichen Teilen der Kirche und den Armen geben.«

Da fuhr ein böser Geist in den Soldaten, und seine Habsucht erwachte, so daß er ausrief: »Wie? Soll ich denn nicht das Ganze haben?« Kaum waren diese Worte über seine Lippen, fuhr das Gespenst mit einem gar kläglichen Tone in einer blauen Flamme dahin und verschwand. Der Mann wurde krank und starb am dritten Tag danach.

Nun wurde diese Geschichte weit und breit im Lande bekannt, und es war dort ein armer Student, der meinte, hier könnte er sein Glück machen. Er ging daher um Mitternacht an den Ort, traf auch die weiße Frau und sagte ihr, was er wollte. Aber sie antwortete, daß er nicht einer von den Dreien wäre, die allein sie erretten könnten. Die Mauer würde noch lange so fest stehen, daß kein Mensch imstande wäre, sie niederzubrechen. Doch für seinen guten Willen solle er belohnt werden. Als derselbe Student nach Jahren wieder einmal da vorbeiging und mitleidig an die unglückliche weiße Frau dachte, fiel er mit der Nase auf eine große Menge Geld; das aber brachte ihn schnell wieder auf die Beine.

*

Der faule Hans

Es war einmal ein Junge, der hieß Hans; der war so faul, daß er, wenn ihm eine Fliege auf der Nase saß, die Hand nicht rühren mochte, um sie wegzujagen, und hätte er auch zehn Taler damit verdienen können. Einmal sollte er seiner Mutter Wasser holen; da aber war ihm der Weg zu weit, und der Eimer war ihm allzu schwer, um ihn so weit zu tragen. Da sagte seine Mutter: »So nimm die Schiebkarre und fahr ihn hin.« Hans nahm eine Schiebkarre und fuhr mit dem Eimer zum Brunnen. Als er nun bei des Königs Schloß vorüberkam, stand da die Prinzessin am offenen Fenster und schaute auf die Straße, und sie sah auch den faulen Hans mit dem Eimer auf der Schiebkarre. Da mußte sie gewaltig lachen und lachte so laut, daß Hans und alle Leute unten es hörten. Hans wurde ärgerlich und dachte: Könnte ich dir doch einmal was wünschen!

Als er nun zum Brunnen kam, lief da ein kleines allerliebstes Goldfischchen heraus; Hans wollte es mit nach Hause nehmen. Aber das Goldfischchen fing an zu sprechen und bat so viel, er möchte es doch wieder laufen lassen, er könnte sich auch dafür wünschen, was er wollte. »So wünsch ich, daß die Prinzessin noch vor Abend einen kleinen Jungen kriegt«, sagte Hans, und ließ den Goldfisch wieder laufen. Als nun der Abend kam, hatte die Prinzessin auf dem Schloß einen kleinen Jungen, und niemand wußte, wer der Vater wäre. Da wollte aber der König doch, daß seine Tochter den Mann bekäme, der der rechte Vater sei. Darum ließ er überall in seinem Reiche ein Gebot ausgehen, daß alle Männer aus dem ganzen Land sich an seinem Hofe versammelten. Und als nun der bestimmte Tag kam, gab die Prinzessin ihrem kleinen Jungen einen goldenen Apfel in die Hand und stellte ihn mitten in den großen Saal, und der sollte sein Vater und ihr Gemahl sein, wem von den Männern er den goldenen Apfel geben würde. Nun kamen zuerst alle die Fürsten und die Herzöge und die Grafen herein, darauf auch alle Edelleute und alle anderen Herren des Landes, aber das Büblein blieb unbeweglich und reichte keinem den Apfel. Darauf kamen nun die Minister und alle Diener und Beamten des Königs von den höchsten bis auf die Nachtwächter; aber das Büblein rührte sich nicht. Darauf mußten auch die geistlichen Herren und die Kaufleute und die Bauern und die Handwerker und die Tagelöhner, die Dienstknechte und alle bis auf den Schinder herein in den Saal und gingen an dem Jungen vorüber; aber der rührte sich nicht. Als sie aber alle vorübergegangen waren und der König nicht anders glaubte, als daß alle Männer aus seinem Land da gewesen wären, kam noch Hans in den Saal gestolpert, den hatte seine Mutter mit Gewalt hinauftreiben müssen; aber kaum sah ihn das Büblein, so lief es auf ihn zu und reichte ihm den goldenen Apfel. Da ließ der König eine große Hochzeit anrichten, und Hans mußte die Prinzessin heiraten, und sie hatte zum letzten Mal über ihren eigenen Mann gelacht.

Den tappre Landsoldat

Anmerkung des Herausgebers: In der Mitte des 19. Jahrhunderts, also zur Zeit besonders heftiger Auseinandersetzungen mit Dänemark, die zu einem blutigen Aufstand in Schleswig-Holstein führten, gab es bei den Dänen ein populäres Lied, »Den tappre Landsoldat« (Tapferer Landsoldat). Nach dessen Melodie wurde seinerzeit in Schleswig-Holstein folgende Parodie gesungen:

Ich muß nu in die Krieg,
Ich muß nu in die Krieg,
Die Mädchen will med mig,
Ja, die Mädchen will med mig.
Die kannst du ikke, Kind,
Ich lauf dich ßu geswind

Dü wärdst man bei die Retirade
  hinderlich, mig sind,
Die Tyske ßießen grad drauf los,
  kehrer sich an nix:
Das kann sig leicht passire, wir
  kriege viele Wix,
Drum muß ich könne lauf, som
  tapper Landsoldat.
Hurrä, Hurrä, Hurrä!

Hier die grobe Übersetzung: Ich muß nun in den Krieg, das Mädchen will mit mir. Das kannst du nicht, mein Kind, ich lauf dir zu geschwind. Du wärst beim Rückzug hinderlich, die Deutschen schießen grad drauf los, sie kehren sich an nix, das kann sehr leicht passieren, wir kriegen viele Wix. Drum muß ich laufen können als tapfrer Landsoldat.
Hurrä, Hurrä, Hurrä!

Fritz Reuter

Wi hefft en dütsches Hart!

Anmerkung des Herausgebers: Auch der Mecklenburger Fritz Reuter zeigte sich empört, als Schleswig aus der Personalunion mit Dänemark herausgelöst und als fester Bestandteil in das Königreich integriert werden sollte. Er schrieb das Lied »We hefft en dütsche Hart«, dessen zweite Strophe lautet:

Wi stoht tosam för unser Recht
Un wenn ok Kugeln flöten;
Ji söllt uns nich mehr »Dänenknecht«,
Ji söllt uns »Dütsche« heten!
Lat se kamen, lat se kamen,
staht tosamen, staht tosamen!
Noch slög hier Keener ut de Art;

Hurrah, min Volk, dat't beter ward!
Wi hefft en dütsches Hart!
Hurrah! Hurrah!
Wi hefft en dütsches Hart!

Die Musik schrieb der Armeemusikdirektor C. Gurlitt.

Detlev von Liliencron

Wie schwitzt der Hund?

Zur Charakteristik des dänischen Königs Frederik VII. verdient seine Neigung zu Münchhausiaden erwähnt zu werden.

Die Flensburger, die im Kriege 1864 im dänischen Heer gedient hatten, kehren nach Friedensschluß nach Flensburg zurück

Stundenlang konnte er von seinen Erlebnissen in fernen Welttheilen erzählen, die er nie gesehen hatte. Ein Zeitgenosse des Königs theilt uns aus seinen persönlichen Erlebnissen folgende heitere Episode mit: Der König belehrte bei seiner Anwesenheit in Glücksburg regelmäßig in Begleitung des gesamten Hofstaates einen Gutsbesitzer in Angeln. Nach der Tafel saßen die Herren, darunter auch unser Gewährsmann, beim Kaffee. In bester Stimmung, die unvermeidliche Pfeife mit dem mächtigen Meerschaumkopf im Mund, erzählte der Monarch ein Abenteuer, welches er in Lappland mit einem wild gewordenen Rennthier, das ihn verfolgt hatte, gehabt haben wollte. Um dem wüthenden Thiere zu entrinnen, behauptete der König, sei er fabelhaft gelaufen, und um einen Maßstab für die Schnelligkeit seines Laufes zu geben, fügte er hinzu, daß seinem Jagdhund, der mitgelaufen, der Schweiß fingerdick auf dem Fell gestanden habe. Auf diese Erzählung gestattete sich der anwesende Kriegsrath Gabelin unterthänigst zu bemerken, daß der Hund einzig und allein durch die Zunge schwitze. Unwillig über diese Zwischenbemerkung, richtete der König an den Lieutenant von Zeppelin, der eben erst aus Württemberg gekommen und als Volontär in die dänische Armee eingetreten war, die Frage: »Herr Lieutenant, wie schwitzt der Hund, durch das Fell oder durch die Zunge?« Mit einer vorschriftsmäßigen Verbeugung erwiderte der junge Mann: »Der Hund schwitzt ganz wie Ew. Majestät es befehlen.« Am anderen Tage hatte der gewandte Hofmann das Patent als Kapitän in der Tasche.

Jens Jensen

Der Charakter der Landbevölkerung

Sowohl in Schleswig, als in Holstein hat speziell die Landbevölkerung von jeher ein tiefes politisches Verständniß besessen. Diese Eigenschaft, welche man in so ausgedehntem Maße bei der Landbevölkerung anderer deutschen Gauen gewiß nicht vorfindet, erklärt sich einfach aus den unausgesetzten Reisen, welche der Ein- und Verkauf des Viehes nöthig macht. Der Sohn hat kaum das achte Lebensjahr überschritten, so wird er regelmäßig schon der Begleiter des Vaters. Daß dieser unausgesetzte Verkehr mit fremden Menschen, dieser beständige Austausch der Meinungen nach jeder Richtung hin bildend wirken muß, bedarf kaum der Erörterung.

Eine zweite Eigenschaft von hervorragender Bedeutung bei den Schleswig-Holsteinern ist ihr großes Talent für Mathematik. Nicht etwa vereinzelt, sondern durchweg fand und findet man noch heute selbst auf unbedeutenden Dorfschulen erstaunenswerthe Leistungen auf diesem Gebiete, und es ist eine bekannte Thatsache, daß noch heute in der ganzen preußischen Monarchie aus der Provinz Schleswig-Holstein die vorzüglichsten Landmesser stammen. Vereinigt man die Bildung und Menschenkenntniß, die Gewohnheit, den Geist durch Lösung schwieriger Rechenaufgaben zu schärfen, endlich die Unbeugsamkeit, die sich der Schleswig-Holsteiner in jahrhundertelangem Kampf mit den wilden Elementen erworben hat, zu einem Ganzen, so hat man den Schlüssel zu seinem Charakter gefunden, zu einem Charakter, der mit Verständniß prüft, scharf rechnet, dann aber auch das Fazit seiner Rechnung unbeugsam vertheidigt.

Detlev von Liliencron

Die »Kartoffeldänen«

Anmerkung des Herausgebers: Ehe in dem Krieg von 1864 die Personalunion Schleswig-Holsteins mit Dänemark aufgekündigt wurde, nannten die Kopenhagener das Herzogtum Schleswig »Südjütland«. Dazu heißt es in dem Buch »Up ewig ungedeelt«:

Sie (die Schleswiger) spielten vor 1864 die unkultivierten Vettern vom Lande, und für ihr Dänisch, womit sie sich in deutscher Gesellschaft in anmaßender Weise so gern brüsteten, hatten die Dänen den geistreichen Ausdruck »Kartofflerdanske« erfunden. »Sønderjyland« (Südjütland) galt überhaupt damals als eine Art Dänemark zweiten oder dritten Grades. Wenn ein Abtheilungsvorsteher oder Ressortchef in Kopenhagen gern einen unbrauchbaren Beamten los sein wollte, so gab er ihm den guten Rath, nach den Herzogthümern zu gehen; im Examen durchgefallene Juristen waren für Schleswig-Holstein immer noch gut genug, und die Offiziere achteten, wenn sie nach Schleswig-Holstein kommandiert wurden, dieses einer Reise in die Verbannung gleich. Kein Wunder also, wenn in Schleswig-Holstein eben nicht die beste Qualität an Militärs und Beamten vertreten war. Die Beschäftigung dieser Herren zielte in der Regel darauf, sich an den Fleischtöpfen Schleswig-Holsteins möglichst rasch zu mästen, um dann das längst erträumte Glück genießen zu können, den Rest ihres Lebens in einer Villa am »Strandvejen« zu verbringen.

In Pinneberg, ausgerechnet in Pinneberg?

Maria Elisabeth Straub

Et In Arcadia Piening...

»HERKUNFT, für Analysen der Mobilität, des sozialen Status und der soziokulturellen Persönlichkeit des Menschen zentrale soziologische Forschungskategorie.« (Meyers Enzyklopädisches Lexikon, 1974)
Süterle: Geburtsort?
Piening: Pinneberg.
Süterle: (gekünstelt lachend): Hahahaha! (wieder zur Sache): Also — Geburtsort?
Piening: Pinneberg.
Süterle: (mit einem Hauch von Ungeduld): Wenn Sie mich in den April schicken wollen...
Piening: Daran hab ich nicht gedacht.
Süterle: Na bitte. Also: Geburtsort?
Piening: Pinneberg.
Süterle: (wirft seinen Kugelschreiber hin und fixiert Piening): Jetzt reichts! Wir haben hier auch noch was anderes zu tun!
Piening: Aber ich bin wirklich...
Süterle: (drohend): Und SIE wollen...
Piening: (schnell): Nur diesen Antrag. Bitte.
Süterle (argwöhnisch): Ausweis! (Piening reicht Süterle seinen Ausweis. Süterle untersucht jede Eintragung akribisch, wiederholt von Piening auf das Dokument und zurück blickend.)
Süterle: Hier stehts ja. Pinneberg.
Piening: Sag ich doch.
Süterle: Sagen kann man viel. (Piening schweigt beschämt. Süterle beginnt kopfschüttelnd, das Wort PINNEBERG in das vor ihm liegende Formular einzutragen. Er unterbricht sich plötzlich und lacht wiehernd auf.)
Süterle: Hahahaha! (Piening betrachtet seine staubigen Schuhspitzen.)
Süterle: Pinneberg! Hahahaha! (Piening tritt von einem Fuß auf den anderen.)
Süterle (sich nur mühsam aus seinem Lachen zurückfindend): Das überkommt mich. Ich muß immer lachen, wenn ich dieses Wort höre. Und erst beim Schreiben..! (Er sieht Piening erwartungsvoll ins Gesicht.) Ich hatte hier mal einen... der war aus Buxtehude!

Piening (schaut auf): Und?
Süterle: UND? UND? Nix UND! SIE finden wohl gar nix komisch, was? SIE sind wohl ein Trauerkloß, was? Aus Pinneberg, was? Hahahaha! (Piening wird zwei Zentimeter kleiner.)
Süterle (bricht sein neuerliches Gelächter ab; seine nächste Frage offenbart pures Mißtrauen): Kann man da überhaupt wohnen?
Piening (langsam): Als ich wegzog, wohnten da fast Vierzigtausend.
Süterle (halb ungläubig, halb in falscher Anerkennung): Vierzigtausend Pi...
Piening: Menschen.
Süterle: Und jetzt?
Piening: Keine Ahnung. Wieso?
Süterle (leutselig): Ich frage nur wegen der Autos, verstehen Sie... Weil — die fallen einem doch auf, oder? Das müssen Sie doch zugeben.
Piening: Wenn Sie wollen...
Süterle: Sagen Sie eine Zahl, Na los! Schätzungsweise!
Piening: Ich sag doch — ich habe keine Ahnung.
Süterle (beleidigt): Verstehe. Kein Interesse, was?
Piening: Ich lebe da nicht mehr.
Süterle: Und warum nicht? (Piening zieht hörbar Luft durch die Nase.) Na?!
Piening (hilflos): Mein Gott...
Süterle (triumphierend): Sehn Sie?! (Er schreibt das Wort PINNEBERG zuende. Er kichert vor sich hin.) Ich seh immer so ein winziges Hügelchen vor mir. Irgendwo zwischen all diesen Autos...
Piening (versunken): Mit Pflöcken befestigte Burg einst...
Süterle (das Formular ausfüllend): Winzig, spitzig.
Piening (wie vor): Das Schloss... von Tilly geschleift...
Süterle (kichernd): Pinnig sozusagen.
Piening: Eine Stadt zehn Meter über Normal Null...
Süterle (hämisch): Pipipi!
Piening (wie im Schlaf): Ich... habe sie... geliebt...
Süterle (Striche machend): ... was denn... was denn...
Piening: Ich habe sie gerochen... (Süterle schaut kurz auf, verzieht das Gesicht zu einem gequälten Grinsen, schreibt dann weiter.)
Piening (träumerisch): Rosen...
Süterle (unaufmerksam): ... so... so...
Piening: Baumschulen. (Er dehnt seinen Brustkasten und spricht das folgende wie ein einziges Wort.) Teures Land du Doppeleiche op ewich ungedeelt.
Süterle (ungerührt einen dicken Punkt setzend): Sie können den Antrag dann gleich mitnehmen.
Piening (mit Emphase): Die Drostei! Ein Katasteramt unter Roccaillestukkaturen...

Süterle (den Stempelständer virtuos drehend): Beruhigen Sie sich.
Piening: Der Fahlt. Die Hexenkuhle. (Süterle legt drei Stempel bereit. Er nimmt eine Wertmarke aus einem Kästchen, leckt sie an, klebt sie auf das Formular.) Die Pinnauwiesen... voller Sumpfdotterblumen und Wiesenschaumkraut... Libellen!
Süterle: Macht dreifünfzig.
Piening: Ländliche Gasthöfe... (feurig) Baumschulklassizismus!
Süterle (unterschreibt den Antrag mit einem unleserlichen aber gewaltigen Schnörkel): Dreifünfzig sag ich.
Piening (zieht seine Geldbörse und zahlt mechanisch): Alte Frauen, die Kinderbäuche massieren. Gegen Würmer.
Süterle (das Geld in einer Kassette verschließend): Ekelhaft!
Piening: Erfolgreich.
Süterle: Okay-okay.
Piening: Silberlockige Greise, die vor jeder Straßenkreuzung murmelnd mit sich ins Gericht gehen. (Süterle sieht Piening an, als wäre der nicht ganz beieinander. Vielleicht ist er's auch nicht?) Sandbestreute Fußböden. Heukisten. Buchweizengrütze.
Süterle (wirft den Kopf zurück, als hätte man ihn geohrfeigt): Ist ja gut, Mann! (Süterle reicht Piening den Antrag, Piening steckt ihn unbesehen in die Tasche.)

Piening (sich steigernd): KALTE WINTER, HELLE SOMMER, ROSENFESTE, PUPPENDOKTOR, SPÄTBAROCKE HAUSTÜREN GRÜN GELACKT!
Süterle (unruhig): Hörn sie schon auf... (Er steht mit einem unbehaglichen Blick auf Piening auf und öffnet die Tür zum Nebenraum. Piening rührt sich nicht vom Fleck. Er starrt ins Nirgendwo.)
Piening (plötzlich losschreiend): KOPFSTEINPFLASTER! FLIEDERBÜSCHE! STÖRCHE! BOLLERWAGEN!
Süterle (ins Nebenzimmer): He, Obermeier, kannst du mal kommen? (zu Piening) Ist Ihnen nicht gut?
Piening (leise werdend): In zärtlichem Zickzack geharkte Gartenwege... (Obermeier kommt aus dem Nebenzimmer.)
Süterle (Piening auf die Schulter tippend): Sie können gehen. (Piening lächelt abwesend vor sich hin.) (leise zu Obermeier): Ein Pinneberger.
Obermeier (verständnisvoll): Was du nicht sagst.
Süterle (leise): Ein Fantast. (Er schiebt Piening zur Tür, die in den Flur führt. Mit Nachdruck): Sie sind fertig, Mann!
Piening (leistet keinerlei Widerstand. Er fängt an zu lachen): Hahahaha!
Süterle (irritiert): Was gibts denn JETZT noch zu lachen.
Piening (in der Tür, heiter): Mit dem Wasser aus der Regentonne! Glasklar!

Süterle (ihm vorsichtig auf die Schulter klopfend): Ja... ja... glasklar!
Piening (überaus fröhlich): Damit wurde die Erbsensuppe gekocht!
Süterle (Piening endgültig hinausschiebend, mit schlecht erhaltener Ironie): In Pinneberg!... Glasklar!
Piening (sein fröhliches Gelächter steigert sich zum Lachkrampf, die letzten Worte stößt er nur noch unter größten Mühen hervor): Luftkurort!... ORT... DER... LUST!! (Süterle schließt aufatmend hinter Piening die Tür. Pienings grauenhaftes Lachen ist noch ein paar Augenblicke lang zu hören. Süterle setzt sich hinter seinen Schreibtisch und wischt sich die Stirn. Obermeier zündet sich eine Zigarette an.)
Obermeier: Den hat's erwischt.
Süterle: Beinah ist es mir kalt den Rücken runtergelaufen.
Obermeier: Ein Irrer.
Süterle (schlägt sich mit der flachen Hand gegen die Stirn): Ob die da alle so sind?
Obermeier: In Pinneberg? (Er fängt an zu lachen.) Hahahaha. (Süterle verzieht das Gesicht.) Ich muß immer lachen, wenn ich das Wort hör. Ich bin da mal vorbeigefahren. Sah ganz normal aus. Nicht wie du denkst. Eher wie hier... Der hat geträumt!
Süterle (packt seine Frühstückssemmel aus. Angeekelt): Erbsensuppe mit Regenwasser!
Obermeier (prustet verächtlich): Sauerei!

Süterle (beißt in die Semmel): Genau.
Obermeier: Wenn du mich fragst — da ist nix dran!
Süterle: Aber der Name... (Er lacht heftig mit vollem Mund. Zu seinem Glück verschluckt er sich nicht.)
Obermeier (ebenfalls auflachend): Zugegeben! (Pause. Süterle kaut, Obermeier raucht. Beide sind in Gedanken versunken. Haben sie vielleicht eine Vorstellung von einer Stadt?)
Süterle (sich zusammenreißend): Wie'n Pickel!
Obermeier (gleichfalls mit dem Versuch, die schöne Heiterkeit von eben noch einmal anzufachen): Irgendwie kitzlig, oder? (Der Versuch schlägt fehl. Sie starren sich einen Moment lang an. Schließlich zerrt Süterle den Rest einer Wurstscheibe zwischen den angebissenen Semmelhälften hervor und betrachtet sie eingehend.)
Süterle (zornig): Der tat ja grad wie aus'm Paradies — mit seinem Gefasel von Bollerwagen!
Obermeier: Von was?
Süterle: Schon gut. Wir lassen uns hier doch nicht verarschen!
Obermeier: Eben!
Süterle (die Wurst wieder zwischen die Semmelhälften pappend): Wo kämen wir da hin!
Obermeier (grinsend): Wohin? Na glasklar wie Erbsensuppe!

»PINNEBERG, Kreisstadt in Schleswig-Holstein, BRD, im nw. Vorortbereich von Hamburg, an der Pinnau; Gymnasium, Fach- und Berufsschule; Motorenwerk, elektrotechnische Industrie, Maschinen-, Heizungs- und Stahlbau. Dachpappe, Kaugummiherstellung; Mittelpunkt des größten Baumschulen- und Rosenzuchtgebiets der Erde. Wohn- und Wirtschaftsschwerpunkt an der Aufbauachse Hamburg — Elmshorn...« (Meyers Enzyklopädisches Lexikon, 1974).

Theodor Storm

Heiligenhafen

Auf einer Uferhöhe der Ostsee liegt hart am Wasser hingelagert eine kleine Stadt, deren stumpfer Turm schon über ein Halbjahrtausend auf das Meer hinausschaut. Ein paar Kabellängen vom Lande streckt sich quervor ein schmales Eiland, das sie dort den »Warder« nennen, von wo aus im Frühling unablässiges Geschrei der Strand- und Wasservögel nach der Stadt herübertönt. Bei hellem Wetter tauchen auch wohl drüben auf der Insel, welche das jenseitige Ufer des Sundes bildet, rotbraune Dächer und die Spitze eines Turmes auf, und wenn die Abenddämmerung das Bild verlöscht hat, entzünden dort zwei Leuchttürme ihre Feuer und werfen über die dunkle See einen Schimmer nach dem diesseitigen Strand herüber. Gleichwohl, wer als Fremder durch die auf- und absteigenden Straßen der Stadt wandert, wo hie und da rohgepflasterte Stufen über die Vorstraße zu den kleinen Häusern führen, wird sich des Eindrucks abgeschlossener Einsamkeit wohl kaum erwehren können, zumal wenn er von der Landseite über die langgestreckte Hügelkette hier herabgekommen ist. In einem Balkengestelle auf dem Markte hing noch vor kurzem, wie seit Jahrhunderten, die sogenannte Bürgerglocke; um zehn Uhr abends, sobald es vom Kirchturm geschlagen hatte, wurde auch dort geläutet, und wehe dem Gesin-

Straße in Heiligenhafen mit Blick auf die Ostsee

de oder auch dem Haussohn, der diesem Ruf nicht Folge leistete; denn gleich danach konnte man straßab und -auf sich alle Schlüssel in den Haustüren drehen hören.

Aber in der kleinen Stadt leben tüchtige Menschen, alte Bürgergeschlechter, unabhängig von dem Gelde und dem Einfluß der umwohnenden großen Grundbesitzer; ein kleines Patriziat ist aus ihnen erwachsen, dessen stattlichere Wohnungen, mit breiten Beischlägen hinter mächtig schattenden Linden, mitunter die niedrigen Häuserreihen unterbrechen. Aber auch aus diesen Familien mußten bis vor dem letzten Jahrzehnt die Söhne den Weg gehen, auf welchem Eltern und Vorfahren zur Wohlhabenheit und bürgerlicher Geltung gelangt waren; nur wenige ergaben sich den Wissenschaften, und kaum war unter den derzeitig noch studierten Bürgermeistern jemals ein Eingeborener dagewesen; wenn aber bei den jährlichen Prüfungen in der Rektorschule der Propst den einen oder anderen von den Knaben frug: »Mein Junge, was willst du werden?«, dann richtete der sich stolz von seiner Bank empor, der mit der Antwort »Schiffer!« herauskommen durfte. Schiffsjunge, Kapitän auf einem Familien-, auf einem eigenen Schiffe, dann mit etwa vierzig Jahren Reeder und bald Senator in der Vaterstadt, so lautete der Stufengang der bürgerlichen Ehren.

Auf dem Chor der von einem Landesherzog im dreizehnten Jahrhundert erbauten Kirche befand sich der geräumige Schifferstuhl, für den Abendgottesdienst mit stattlichen Metalleuchtern an den Wänden prangend, durch das an der Decke schwebende Modell eines Barkschiffes in vollem Takelwerke kenntlich. Auf diesen Raum hatte jeder Bürger ein Recht, welcher das Steuermannsexamen gemacht hatte und ein eigenes Schiff besaß; aber auch die schon in die Kaufmannschaft Übergetretenen, die ersten Reeder der Stadt, hielten, während unten in der Kirche ihre Frauen saßen, hier oben unter den anderen Kapitänen ihren Gottesdienst; denn sie waren noch immer und vor allem meerbefahrene Leute, und das kleine schwebende Barkschiff war hier ihre Hausmarke.

Graf Adelbert Baudissin
Dreihundert Pfund Fleisch im Jahr

Das viele Essen ist eine böse Angewohnheit der Angeliter, und sie werden selbst erstaunen, wenn ich ihnen erzähle, daß es statistisch nachgewiesen ist, daß in Angeln eine Bauernfamilie durchschnittlich im Jahre verzehrt: zwei fette Kühe, fünf fette Schweine, sieben fette Hämmel, zwanzig fette Gänse, zehn nüchterne Kälber, außerdem noch zugekauftes Fleisch, so daß auf die Person zweihundert fünfzig bis dreihundert Pfund Fleisch kommen, während man in den Städten auf die Person nur hundert und dreißig Pfund Fleisch rechnet. Trotz dieses ungeheuren Fleischkonsums sind starke Menschen und ausgemachte Fresser, wie sie beide in Dithmarschen vorkommen, seltene Erscheinungen, und ich weiß eigentlich nur von *einem* sehr starken Manne, den ich in meiner Jugend persönlich gekannt habe, dem alten Pastor Augustin in Ulsby. Dieser Mann Gottes trug in seinem sechzigsten Lebensjahre den fünfhundert Pfund schweren Ambos aus der Schmiede, während die Gesellen bei dem Essen waren, und amüsirte sich nachher königlich, als er aus der Ferne das starre Erstaunen des würdigen Altgesellen und die Anstrengungen der Frau Meisterin beobachtete, sich das Wunder zu erklären. Er war wegen seiner beispiellosen Körperkraft eben so berühmt wie der Dithmarsche, der, auf dem Felde pflügend, von einem Fremden nach der Wohnung des Freßsacks Paul Butterbrod gefragt wurde, dem man nachsagte, daß er fünfhundert Pfund wöge und daß er einmal in Husum hundert und siebenzig Austern und drei Flaschen Wein zum Frühstück verzehrt habe. Der Dithmarsche zeigte mit der Hand nach der Richtung, welche der Fremde einzuschlagen hatte, und da er nicht gleich verstanden wurde, hob er den Pflug mit einer Hand auf und zeigte damit nach Norden, wie ein anderer Sterblicher, der einen Spazierstock in der Hand hält. Der Fremde machte kehrt und lief eilig von dannen, weil er glaubte, mit dem Teufel selber gesprochen zu haben.

Wie gesagt, Angeln hat keine hervorragend kräftigen Männer aufzuweisen, obgleich allem Anscheine nach in alten Zeiten ein Geschlecht hier gelebt hat, das heute wahrscheinlich durch seine Riesenstatur Aufsehen erregen würde, ich meine die *Hünen,* die allerdings auf der ganzen Halbinsel gehaust, Angeln aber besonders bewohnt zu haben scheinen, weil man hier mehr und mehr größere Hünengräber findet, als in den übrigen Theilen des Landes, obgleich auch an der Westküste, wie bei Meldorf, Albersdorf und Schenefeld, und im Norden Schleswigs, zwischen Apenrade und Lygumkloster, zahlreiche »Riesenbetten« angetroffen werden.

Vorm Deich und dahinter

Jan Herchenröder

Der beliebte Pharisäer

Unter einem Pharisäer versteht man in Schleswig-Holstein nicht einen in der Bergpredigt gerügten heuchlerischen, selbstgerechten Exegeten, sondern ein Getränk, das aus Kaffee, Zucker, einem Schuß Rum und einer abschließenden Sahneschicht besteht. Seit fünf Jahrzehnten wird als Krönung Schlagrahm bevorzugt.

Es gibt verschiedene Deutungen, woher das Getränk stammt, ob aus Pellworm oder Nordstrand, auf jeden Fall ist Nordfriesland seine Heimat. Und wie kam es dazu? Da wurde wieder einmal in einem großen Bauernhaus eine Kindtaufe gefeiert, zu der, wie es sich gehört, sämtliche Nachbarn und Verwandten geladen waren. Zu der Kaffeetafel gesellte sich auch der gestrenge Herr Pastor, der bei jeder passenden und auch unpassenden Gelegenheit die Männer seiner Gemeinde ermahnte, keinen Alkohol zu trinken, denn der Schnaps sei eine Erfindung des Teufels. Bei besagter Kaffeetafel nun, die große Kanne machte immer wieder die Runde, gossen die Bauersfrau und ihre Mägde heimlich immer einen Schuß Rum in die Tassen, ehe sie den Kaffee hinzutaten, und die Gäste fügten die Sahne bei. Nur der Pastor erhielt seinen Kaffee, den er schwarz und ungesüßt bevorzugte, pur. Zu seiner Verwunderung wurde die Gesellschaft immer lustiger und aufgeräumter, und erst, als man versehentlich auch in seine Tasse Rum getan und mit Kaffee aufgefüllt hatte, blickte er nach einem Schluck in die Runde und sagte: »Ihr Pharisäer!« Er soll dabei erstaunlicherweise geschmunzelt haben.

Seither ist der Pharisäer neben dem berühmten Tee ein nordfriesisches Nationalgetränk, mit dem sich sogar nach der Beschwerde eines Gastes das Flensburger Amtsgericht befaßte. Es bestimmte, daß ein in Gaststätten servierter Pharisäer mehr als zwei Zentiliter Rum zu enthalten habe.

Georg Quedens

Der rettende Engel

In früherer Zeit hing in der Nordstrander Kirche ein Bild von der Opferung Isaaks. Auf diesem Bild wollte Abraham die Opferung aber nicht, wie in der Bibel beschrieben, mit einem Messer, sondern mit einer Pistole vornehmen. Über dem auf Isaak zielenden Abraham schwebte jedoch ein kleiner Engel, der auf die Pulverpfanne strullerte. Darunter stand der Vers: »He strullt em Water up de Pann, nu lat em scheten, wenn he kann.« So wurde Isaak nach Gottes Willen auf wundersame Weise gerettet.

Graf Adelbert Baudissin

Die leidenschaftlichen Kaffeetrinker

Ich fühle meine Pulse vor Freude hüpfen, wenn ich an einen Braruper Kaffee denke. Da sitzen die Bauern und trinken eine Tasse nach der anderen, und bis sie den Löffel über den Rand gelegt haben, wird unausgesetzt neu eingeschenkt. Ganz einerlei, wie viel einer trinkt, die Portion kostet vier Schillinge; wahre Braukessel werden mit edlem Mocca gefüllt; Cichorien werden pfundweise verschwendet, und steif und langweilig zum Verzweifeln gehen die Kaffeemädchen mit den großen Messingkesseln um den Tisch herum und schenken eine Tasse nach der anderen ein, ohne ein Wort zu verlieren. Sie nöthigen den Gast nicht, noch ein Täßchen zu nehmen; sie fallen nicht in Ohnmacht, wenn ein Bauer sein Dutzend in stoischer Gemüthsruhe ausschlürft, und Alles was sie thun ist, die Tassen zu füllen, bis der Löffel über den Rand gelegt ist. So haben die Großeltern es getan, und so werden die Großenkel es thun. Nicht für ein Königreich würde ich den Seelengenuß verkaufen, den mir eine solche Kaffeesitzung angeliter Bauern gewährt. Sie blicken mich, den »Butenminschen«, mit herablassender Miene an, während ich sie wegen ihres unmenschlichen Hochmuths sämmtlich erwürgen möchte, um sie gleich wieder in's Leben zu rufen und zu lieben. Denn lieben muß man den Angeliter trotz seines zugeknöpften Wesens gegen Fremde, trotz der souveränen Verachtung, mit welcher er auf alles Neue herabblickt.

Jan Herchenröder

Die leidenschaftlichen Teetrinker

Es stimmt schon, daß die Nordfriesen, verglichen etwa mit den Rheinländern, schweigsamer sind und sich auch keine

Witze über die Ostfriesen, ihre Nachbarn, erzählen, aber beim »Geelen Köm«, diesem sonderbaren Schnaps, und erst recht beim Tee beziehen sie auch den Fremden gern in einen Klönschnack ein, wobei sie sich sogar herablassen, es mit der hochdeutschen Sprache zu versuchen, weil ihr Friesisch nur von ihnen selbst verstanden wird. Es gibt da jetzt sogar Kurse, so z. B. auf Helgoland, bei denen Friesisch gelehrt wird, aber den Ferienreisenden möchte ich sehen, der es etwa in vier Wochen dahin bringen könnte, mit dieser verzwickten Sprache auch nur halbwegs klar zu kommen.

Ebenso wenig wie man den Engländern den Tee verbieten könnte, wäre dies bei den Friesen denkbar. Aus diesem Grund erhielten sie sogar, als während des Krieges der Tee äußerst knapp war, Sonderzuteilungen, um sie bei Laune zu halten. Man muß einmal gesehen haben, wie sie den Tee zelebrieren, um das zu verstehen. Dabei wird die bekannte »ostfriesische Mischung« auch im Norden des Friesenlandes bevorzugt. Der Tee wird in einem Kännchen serviert, unter dem die Kerze des Stövchens das aromatische Getränk warmhält. Vorm Eingießen legt man ein kleines Stück Kandiszucker in die Tasse, darauf kommt der Tee, und zuletzt wird dicht am Rand der Tasse ringförmig Kondensmilch oder Sahne vorsichtig hinzugetan, so daß sich helle Wölkchen bilden.

Schon dieser Anblick läßt das Herz eines jeden Friesen höher schlagen, und traditionsbewußt, wie er heute noch ist, erzählt er dem Fremden eine Walfängergeschichte, die sich in jenen alten Tagen zutrug, als man noch bis in die grönländischen Gewässer fuhr, um die riesigen Säugetiere, die von Ignoranten immer noch als »Walfische« bezeichnet werden, mit der Harpune zu jagen. Häufig genug kam es dabei vor, daß die Boote umkippten, so daß deren Insassen jämmerlich ertranken, oder die Wale zogen mit der Harpune im Rücken den Bug nach unten, worauf das Boot voll Wasser schlug. Waren die Wale auch nicht derartig mörderisch und aggressiv wie der sagenhafte Moby Dick, konnten sie doch in ihrer Todesangst manches Unheil anrichten. Außerdem wurden die Walfänger oftmals von schwerer See und eisigen Winden bedrängt, noch ehe sie in das Fanggebiet vorgedrungen waren und den ersten Schuß abgeben konnten. Umgekehrt ging so manches Schiff, beladen mit wertvollem Tran, auf der Rückreise verloren. C. P. Hansen berichtet von dem Kapitän Theide Bohn aus Morsum, der mit neunzig Seefahrern, in der Mehrzahl Syltern, im März 1744 nur anderthalb Meilen westlich von der Insel entfernt durch ein falsches Manöver sein Schiff zum Untergang führte. Er ließ das Topsegel beisetzen, um durch das Lister Tief schnell in ruhigeres Wasser zu gelangen, als eine heftige Bö die Segel traf. Das Schiff bekam eine solche Schlagseite, daß es kenterte. Nur acht Mann konnten gerettet werden, 83 Seeleute ertranken. Insgesamt waren von den Nordfriesischen Inseln 3000 Menschen an dem gefährlichen Geschäft beteiligt, bis sich um 1800 der Walfang nicht mehr lohnte und bald darauf zum Erliegen kam.

Wer mehr über die wilde und abenteuerliche Zeit erfahren will, braucht nur einmal mit ein paar Nordfriesen beim Tee zusammenzusitzen. Er bekommt dabei auch manches überkommene Walfängerlatein zu hören, aber das würzt diese Geschichten zusätzlich.

Graf Adelbert Baudissin

Das Fettauge Föhr

Ich ergab mich in das Schicksal der kupfernen Pfannen und Messingkessel, und stellte Vergleiche über die beiden Inseln Sylt und Föhr an, die zu den Resultaten führten, daß ich schleunigst umkehren und nach Wyck zurückfahren ließ, weil mir die fetten Bauerngesichter, die fetten Wiesen, fetten Felder, fetten Schafe, fetten Ochsen, Esel und Kühe einen widerlichen Eindruck machten; mit einem Worte, wer Sylt bereist, ohne zu schwärmen, muß anders konstruiert sein als die meisten anderen Menschen; und wer auf Föhr über etwas Anderes als die reizende Einfachheit der friesischen Weiber und Männer in Entzücken geräth, der muß noch wenig Viehwaiden gesehen haben. Die ganze Insel ist ein großes Fettauge, das auf der Nordsee schwimmt, und wie man auf Sylt davonlaufen würde, wenn die Menschen auf den Einfall kämen, eine Stadt zu bauen, so könnte man es auf Föhr nicht aushalten, wenn Wyck nicht ein kleines niedliches Städtchen wäre.

Diesem Umstande ist es auch zuzuschreiben, daß König Christian der Achte sich niemals der weit kräftigeren Sylter Seebäder bediente, sondern alljährlich nach Föhr reiste, um mit dem Minister Scheele und anderen Gleichgesinnten dänische Propaganda zu machen und l'Hombre zu spielen...

Nach seinem Tode dauerte die Propaganda fort; die dänische Regierung trug Sorge, daß in Wyck die allerfanatischsten Dänen angestellt wurden, und der berüchtigte Medizinalrath Schleißner in Flensburg wies sogar die Nothwendigkeit nach, einen Badearzt anzustellen, der die deutschen Gäste von ihrem Wahne heilen könnte, daß Schleswig-Holstein ein deutsches Land sei.

Hallig Oland

Graf Adelbert Baudissin

Die Hallig Hooge

Ich bekam förmliches Herzklopfen, als ich von einer Wurf zur anderen ging und die melancholischen Bewohner besuchte; es lag ein so feierlicher Ernst in ihren Gesichtern, etwas so Abgemessenes, Würdevolles, christlich Demüthiges in ihrer Sprache und in ihrem ganzen Wesen, daß ich unwillkürlich an einen Familienvater erinnert wurde, den ich einst auf dem Krankenlager liegen fand, und der sich auf den Abschied von den Seinigen vorbereitete.

Wie man es auf einer Hallige aushalten kann, ohne tiefsinnig zu werden, ist mehr, als ich verstehen kann, und es ist mir ein förmlicher Trost, daß die Halligbewohner es ebenso unbegreiflich finden, daß wir das Leben auf dem Festlande ertragen; wären die armen Menschen unglücklich, sehnten sie sich von ihren Wurfen weg, so würde ich sie mehr bedauern als die Gefangenen, die unter den Bleidächern Venedigs ihr Leben vertrauern. Sie sind aber, Gott sei es gedankt, mit ihrem Loose zufrieden, und wenn einer von ihnen auf das Festland verschlagen wird, so freut er sich während seines Exils auf den Augenblick, wo er in die Heimat zurückkehren und das tägliche Zerstörungswerk des Meeres mit ansehen kann...

Ich traf einen Schullehrer, der auf Hooge geboren, jetzt aber auf dem schleswig'schen Festlande angestellt war. Er hatte seine Ferien dazu benützt, um seine Heimat zu besuchen, und als ich ihn fragte, wie es möglich sei, seine freie Zeit auf der öden Hallige zuzubringen, lächelte er und sagte: »Hier ist Ruhe und Friede; hier herrschen Eintracht und brüderliche Liebe, Glück und Zufriedenheit; bis hierher dringen die Thorheiten der Welt nicht, und das Schlimmste, was die Bewohner zu fürchten haben, ist der Tod, eine Wohlthat, deren wir Alle theilhaftig sind.«

»Aber ist Ihnen der Gedanke nicht schrecklich, vom Meere verschlungen zu werden?« fragte ich.

»Nein«, antwortete er. »Auf dem Boden des Meeres ist Raum, und mir ist der Gedanke, in einem engen Sarge zu liegen, weit ungemüthlicher, als die Idee, von den Wellen fortgerissen zu werden und endlich auf dem unermeßlichen Meeresboden meine Ruhestätte zu finden.«

*

Herr Leutnant in Husum

Der erste Ort, den ich nach vierzehntägigem Aufenthalte bei den Nordsee-Friesen betrat, war Husum, ein Städtchen an der Westküste des Herzogthums Schleswig, das früher einen einträglichen Handel mit den Inseln führte, jetzt aber größtentheils auf den Verkehr mit dem Festlande und auf Ochsenhandel angewiesen ist. Ich würde der alterthümlichen, mit Häusern friesischer Bauart angefüllten Stadt nur im Vorübergehen erwähnen, wenn sie nicht die Geburtsstadt des Geographen und Geschichtsschreibers Dankwerth und des Bildhauers Brüggemann wäre — und wenn nicht der Dichter Storm und der ehemalige Rathmann, jetziger Amtmann Thomsen Oldensworth, ihr Leben in ihr vertrauerten.

Enge Straßen, spitze Giebel, Heerden von Ochsen und Schafen, ein Hafen, der zur Ebbezeit wasserlos ist, ein Austernreservoir, in welchem die nicht verkauften Austern aufbewahrt werden, — um ihren Wohlgeschmack nicht einzubüßen —, Storchnester und eine Gegend, die so flach ist wie der Bogen Papier, auf dem ich schreibe, können Jeden in Verzweiflung bringen, geschweige denn einen Reisenden, dessen Herz voll Sehnsucht nach den herrlichen Fluren des östlichen Holsteins ist.

Ich war schon 1848 in Husum gewesen, und erhielt als wohlbestallter Lieutenant im ersten schleswig-holstein'schen Jägerkorps ein Quartierbillet, das mir den Eintritt in das Haus eines mürrischen und unliebenswürdigen Arztes öffnen sollte. Als ich die Hausthür öffnete, trat mir der Wirth mit den Worten entgegen: »Ich muß Sie dringend ersuchen, keine Nägel einzuschlagen«, und als ich ihn versicherte, daß ich mich weit mehr nach einem guten Frühstücke als nach dieser Beschäftigung sehnte, schlug er mir die Thür vor der Nase zu. Ich war einer solchen Gastfreiheit nicht gewachsen und bat um ein anderes Billet. »Keine Menschenmöglichkeit«, sagte der Schreiber, von dem ich

nichts als den Kopf und einen Schreiberärmel zu sehen bekam, »reineweg unmenschenmöglich.«
»Hat der Herr im obersten Stocke dieses Hauses schon Einquartierung?« fragte ich.
»Welcher Herr?«
»Der Herr, der oben auf dem Dache steht und sich mit seinen Kindern unterhält — ich meine den Storch!«
Der Schreiber hob den Ärmel in die Höhe, verzog das Gesicht wie ein Vergifteter, und versprach ein anderes Quartierbillet. Wie es mir aber in dem neuen Quartiere erging, will ich aus Schonung gegen meinen Wirth nicht erzählen. Die Magd warnte mich heimlich vor dem Kaffee und sagte: »Min Herr lät sik immer Proben geben, und da künnt Se sik wul denken, wat dat für Bohnen sind, de ik brennen mut.« Ich war noch unerfahren und schlug die Warnung der Magd in den Wind; aber nur einmal nahm ich an dem »frugalen Frühstück« meines Hausherrn Theil. Friede sei mit ihm!

Georg Quedens

Der König läßt grüßen

Einundzwanzig Jahre lang fuhren Boy Diedrichsen und Gerret Jansen aus Amrum, jener als Kapitän, dieser als Steuermann, zusammen auf einem Segler. Gerret war sehr klug, und Boy besaß viel Witz und Frechheit. So ergänzten sich beide recht gut bei der Schiffsführung. Auch die übrigen Besatzungsmitglieder stammten vorwiegend von Amrum und Föhr.
Auf einer längeren Reise liefen sie Schanghai an, um hier Reis zu laden. Der Hafen war überfüllt mit wartenden Schiffen, weil die chinesischen Kulis streikten. An Ladung war unter diesen Verhältnissen nicht zu denken. Aber Boy wußte Rat. Er machte sich am nächsten Morgen landfein, ging von Bord und ließ sich in einer Sänfte zum Hof des Mandarins bringen. Es gelang ihm, bis zum Mandarin vorzudringen, wo er einen Gruß des Königs von Preußen ausrichtete und um eine Ladung Reis bat.
Der Mandarin war sehr erfreut über die persönliche Botschaft des Königs und sandte am folgenden Tag eine Abordnung von Soldaten, die das Schiff beluden. Während die Chinesen wie Ameisen arbeiteten, standen Kapitän und Steuermann lächelnd auf der Brücke. Boy hatte zwar Grüße des peußischen Königs überbracht, wußte jedoch nicht einmal, wer König in Preußen war.
Die anderen Schiffsführer waren nicht wenig erstaunt, als die beiden Amrumer schon nach zwei Tagen mit einer Ladung abfuhren. Boy und Gerret brachten den Reis nach Brisbane in Australien und er-

zielten hier einen ungewöhnlich hohen Preis, weil durch den Streik der Kulis schon seit Wochen kein Reis mehr angeboten worden war.

*

Der Halligpastor

Zu Anfang des 19. Jahrhunderts wirkte auf Hallig Hooge der Pastor Koch. Wenn er auch nur acht Jahre dort im Amte war, so ist er doch eine bekannte Gestalt geworden. Er war nicht nur Seelsorger, sondern stand den Halligbewohnern auch in Rechtssachen und allen Dingen des Lebens beratend zur Seite.

In Rechtsangelegenheiten entwickelte er solche Fähigkeiten, daß der Husumer Advokat, der später berühmt gewordene Dichter Theodor Storm, einmal die Vertretung in einer Streitsache ablehnte, weil die Gegenpartei von Pastor Koch vertreten wurde. »Mit de Mann will ick nix to don hebben, de is mi över«, soll Storm gesagt haben.

Aber wichtiger waren andere Probleme. So wollten einige Halligbewohner nicht vom Trunke lassen. Pastor Koch versuchte, das Übel an der Wurzel zu packen. Er nahm den Krämer, der auf Mittelritt wohnte, mehrfach ins »Gebet«. Der wollte es einerseits mit dem Pastor nicht verderben, andererseits auch nicht auf das Geschäft verzichten. Was sollte er tun? In diesem inneren Kampf siegte der Händler in ihm. Er schrieb an den Geschäftsfreund in Husum: »Wenn Sie mich wieder Branntwein schicken, dann schreiben Sie man Essig drauf.«

Einmal ließ Pastor Koch einen kleinen Jungen zu sich kommen, der Mundraub begangen hatte. Er fragte ihn: »Peter Andresen, wie heißt das siebente Gebot?«

Der Knabe antwortete: »Sie sollen nicht stehlen!«

»Nein, du sollst nicht stehlen!« sagte der Pastor ergrimmt.

»Ja, das weiß ich wohl; ich wollte man bloß nicht Du zu Sie sagen.«

Boleslaw Barlog

Mit Rowohlt auf Sylt

Wir trafen uns in Kampen und gewöhnten uns nach ein paar äußerst anregenden und fröhlichen Abenden sehr aneinander. Wir hatten, glaube ich, denselben Humor, das Herz saß uns beiden links, und wir liebten gewisse Annehmlichkeiten des Lebens gemeinsam. Nur in einem Punkte waren wir grundverschieden. Ernst Rowohlt kam über den sogenannten Textilstrand nie hinaus. Er saß immer züchtig mit einer Badehose angetan am Strand, mit einem an den vier Ecken geknoteten Taschentuch als Sonnenschutz über seinem blanken Schädel und saß wie ein Buddha im Sande oder bis zum Halse im Wasser, wenn schwacher Wind das erlaubte. Das trug ihm von mir den Kosenamen »Seehund« ein, und mit dieser Anrede traktierte ich ihn fortan, und mit ihr verzierte ich auch unseren Briefwechsel. Mich, der ich begeistert den Nacktbadestrand frequentierte, nannte er dagegen nur kurz und kernig »altes Schwein«. Es war aber das liebevollste Schimpfwort, das mir je an den Kopf geworfen wurde.

Georg Quedens

Die Analyse

In den letzten Jahren kamen immer mehr Kurgäste auf die Marscheninseln und Halligen, nicht bloß als Tagesausflügler, sondern auch für eine längere Urlaubszeit. Da ein Kurgast mehr Geld einbringt als eine Kuh, hat sich die Viehhaltung schon zurückentwickelt.
Mancher Stall ist umgebaut worden, und wo im vorigen Sommer noch zwei Kühe standen, wohnten im letzten Sommer vier Badegäste.
Mit dem Komfort haperte es freilich in den ersten Jahren noch. Erst im Jahre 1968 wurde eine Wasserleitung durch das Watt zu den größeren Halligen gelegt. Vorbei war die Zeit, da man um Regen betete: Zisternen und Feetinge mußten sich damals erst mit Trinkwasser für Menschen und Vieh füllen.
Das Regenwasser war nicht immer ganz klar. Ein Kurgast, der sich damit nicht nur täglich waschen mußte, sondern damit auch seinen Morgenkaffee zubereitet bekam, betrachtete das Naß mit großem Mißtrauen.
Vorsichtshalber sandte er an einen befreundeten Arzt eine kleine Flasche mit Halligwasser und bat um eine Analyse. Eine Woche später war sie da: »Kein Zucker, kein Eiweiß.«

Genau gezählt

In den ersten Nachkriegsjahren gab es auf Hooge einen Kutter, der auf Schollenfang fuhr. Geld hatte noch keinen Wert, und die Fische wurden meist im Tausch gegen andere Nahrungsmittel gehandelt.
Einmal lieferte der Fischer einen Korb voll Schollen bei einer Frau ab, die ihn dafür zum Pfannkuchenessen einlud. »Hier wird nicht gezählt«, sagte die Frau, »iß so viele, wie du willst!«
Das tat der Fischer. Schließlich war er so satt, daß er sich gegen weiteres Nötigen

zum Zulangen wehren mußte: »Nee, ick kann nich mehr. Tein heff ick all hat.« Da stemmte die Frau die Arme in die Hüfte und sagte spitz: »Dat stimmt nich: twölf!«

Graf Adelbert Baudissin

Die beiden Austernfischer

Sie waren bei schwerem Unwetter in See gestochen, um Austern zu fischen, als sie bald die Unmöglichkeit erkannten, ihr Boot gegen den Sturm zu führen, und — wenn auch widerstrebenden Herzens — umzukehren beschlossen. So vertraut sie nun aber auch mit dem Fahrwasser, mit Wind und Segel waren, so konnten sie es doch nicht verhindern, daß sie gegen eine Sandbank geschleudert wurden, und daß ihr Boot von den nachstürzenden Wellen in Stücke zerrissen ward. Hätten sie nicht jeder einen langen und starken Bootshaken gehabt, den sie fest in den Sand stießen, um sich daran festzuhalten, — und hätten sie sich nicht so gegeneinander gestemmt, daß Einer den Anderen stützen konnte, so wären sie unfehlbar von der ersten Welle fortgerissen worden... Es war zur Zeit der steigenden Flut, das Wasser stand ihnen bis an die Knie, und sie wußten, daß es mindestens noch drei Fuß steigen würde, ehe es wieder ablaufen konnte; dabei war es mitten im Winter, Schnee und Regen wurden ihnen von einem eisigen Nordwest in's Gesicht getrieben, und es schien unmöglich, daß sie bis zum Eintritt der Ebbe aushalten könnten. Als die Flut ihren Höhepunkt erreicht hatte, stand das Wasser ihnen bis unter die Arme; jede Welle schlug über ihren Köpfen zusammen, und um das Schreckliche ihrer Lage zu vollenden, wurden schwere Eisschollen von den Wogen herangespült, und drohten jeden Augenblick sie zu zermalmen.

Jedem Anderen würde wohl der Muth entsunken sein, nur den beiden Austernfischern nicht. Das Einzige, was sie während der langen zehn Stunden, die sie in der schrecklichen Todesgefahr zubringen mußten, miteinander besprachen, war die Hoffnung, daß ihre Leichen aufgefischt und auf dem heimatlichen Friedhofe beerdigt werden möchten.

Der alte, dreiundsechzigjährige Andreas Prott, der mir sein Abenteuer selbst erzählte, schloß mit den Worten: »Als dat Water aflopen wär, gungen wi an't Land; ik wär wat sttief in de Rüg, awerst en Taß warme Kaffee hulp mi wedder up de Been. Wat mi am meisten wunnert hät, wär, dat ik mi gor nich en beeten verköhlt har.«

*

Besuch bei Storm

Ich habe einen meiner glücklichsten Abende in dem Hause des Dichters Theodor Storm zugebracht, und mir von ihm sein wunderliebliches Märchen von der Regentrude vorlesen lassen; wer es noch nicht kennt, und wer sich an der kindlichen Phantasie unseres nordischen Dichters ergötzen will, der versäume ja nicht, es zu lesen. Es war mir ein wahrer Hochgenuß, meinen lieben Landsmann mit seinem sonoren Organ seine eigene Dichtung vortragen zu hören; seine melodische Stimme zitterte bei jeder zum Herzen gehenden Stelle, und er mußte sich sichtlich Gewalt anthun, damit sie nicht zu einem unverständlichen Flüstern herabsank, wenn er die Noth der armen Leute schilderte, denen das Korn auf dem Felde verdorrt, weil die Regentrude eingeschlafen ist. Bei der Stelle, wo die Regenwolken anfangen sich zu regen und wo der lang und heißersehnte Himmelsthau die schmachtenden Pflanzen erquickt, leuchteten seine blauen Augen vor Glückseligkeit, während ein sanftes Lächeln um seinen Mund spielte.

Theodor Storm

Wer so eine Welt im Herzen trägt, wie der Dichter Storm, wer so poetisch denkt und fühlt, der sollte billig nicht dazu verurtheilt werden können, in dem prosaischsten Winkel der Welt sein Leben zu vertrauern!... Ich kann mir nicht helfen, sollte ich in Husum leben, so würde ich mich für den unglücklichsten aller Erdenbewohner ansehen und am Spleen zu Grunde gehen.

*

Badedamen in Westerland

In der Nähe von Westerland hatte ich die Ehre, — das Vergnügen will ich nicht sagen — Badedamen spazieren gehen zu sehen. In der Ferne lagen die starren, todten Dünen vor mir; das dumpfe Getöse der Nordsee schlug an mein Ohr, feiner weißer Sand wehte mir von den Bergen entgegen, ringsumher todte, schauerliche Einsamkeit, die nur durch das Brausen der nimmer rastenden Wogen und das leise Knistern des Flugsandes unterbrochen wurde — und dazwischen Krinolinen, seidene Schleppkleider, Glacéhandschuhe, *en tout cas,* goldene Lorgnetten und Teufelszeug ohne Ende! Vor wem macht ihr denn eigentlich Toilette, ihr badenden Damen? Vor den Regenpfeifern, die in der Luft umherfliegen und »pfüt, pfüt« rufen? Vor den Seehunden, die auf den Watten Mittagschlaf halten? Vor Jens? Oder gar vor mir? Ich bitte recht sehr. An mir ist Hopfen und Malz verloren, und ich würde es gerade so machen wie die Seehunde und schnell untertauchen, wenn ihr euch dem Strande nähert, um den blendend weißen Fuß von der Welle bespülen zu lassen! Ich bitte Sie um Gottes Willen, verehrte Damen, sehen Sie doch einmal die Sylterinnen an, und sagen Sie mir, ob Sie jemals schönere Weiber, schönere Taillen und kleidsamere Trachten gesehen haben! Versuchen Sie es einmal, sich in eine Syltertoilette zu werfen, und ich wette mit Ihnen, daß die lahmen, gichtischen, nervösen und hypochondrischen Herren, die Sie jetzt täglich langweilen, aus lauter Entzücken über Ihre schöne Erscheinung gesund und die amüsantesten Gesellschafter werden. Aus Ärger über Ihre Schleppen habe ich Westerland keinen Besuch abgestattet, sondern bin gleich nach dem Pavillon unter den Dünen gegangen, wo ich einen Affen vor der Thür sitzen sah, dessen Zähnefletschen mich so ergötzte, daß ich fünf Minuten später einen Herrn, der mir im Sandhafer begegnete, nicht gleich als den Landvogt von Sylt erkannte. Ich war so in Träumereien versunken, daß ich ihn und den Schriftsteller Hansen für eine neue Spezies von Regenpfeifern hielt; als ich aber näher kam, sah ich meinen Irrthum ein und zog vor den beiden Herren meinen Hut ab.

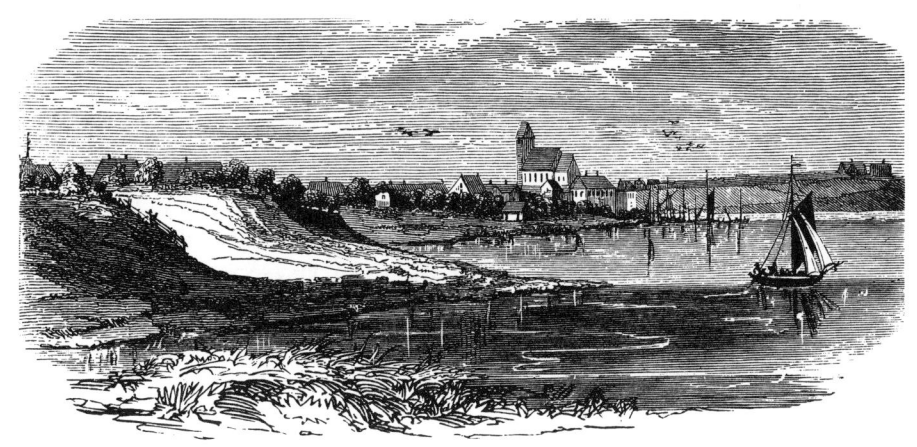

Blick auf Keitum, um 1860

Eine wahnsinnige Verordnung

»Wohlan«, sagte der Sylter Schriftsteller Christian Peter Hansen, »denken Sie sich das Meer, das jetzt wie ein Spiegel vor Ihnen liegt, in wilder Brandung gegen das Ufer peitschend; denken Sie sich einen rasenden Orkan, der ein Schiff bald hoch emporschleudert, bald in das Meer zu versenken droht; denken Sie sich den Augenblick, wo das Fahrzeug gegen das Felsenriff geschleudert und in Atome zerschellt wird, und wenn Sie Ihre Phantasie mit dem entsetzlichen Bilde einer finstern, stürmischen Novembernacht, mit dem Untergange eines Kauffarteischiffes, mit dem Jammergeschrei der Matrosen und Passagiere geschwängert haben, dann ergötzen Sie sich an einer Verordnung vom Jahre 1820, in welcher befohlen wurde, daß die Rettungsboote, welche in die Brandung hinausführen, um den gestrandeten Schiffen Hülfe zu bringen, *nur von der Windseite* an das Schiff heransegeln sollten.«

»Unmöglich«, entgegnete ich; »die Boote würden ja gegen das Schiff geschleudert und in Atome zerschellt werden —«

»Unmöglich, aber wahr«, sagte Herr Hansen. »Die Boote sollten sich nur von der Windseite nähern, weil auf dem Schiffe ansteckende Krankheiten herrschen könnten; ebenso sollten angeschwemmte Leichen erst dann begraben werden, wenn sie vorher sorgfältig abgewaschen worden wären.«

»Aber das Meer hatte sie ja schon gewaschen —«

»Thut nichts. Die damalige schleswig-holsteinische Regierung war anderer Ansicht als die beschränkten Unterthanen, und die wahnsinnige Verordnung wurde von studirten Herren aus Kiel erlassen; erst als der Strandvogt von Sylt sie mit der Bemerkung zurückschickte, daß man ihm lieber die Pest als solch' ein Gesetz auf den Hals schicken möge, ward das Ungeheuer zurückgenommen.«

Ich athmete förmlich auf, als ich Herrn Hansen von den Beamten sprechen hörte; denn es erregt mir einen angenehmen nervösen Kitzel, mir einen blassen, von seiner eigenen Wichtigkeit schwindsüchtig gewordenen Menschen mit einem »Schreiberärmel« auf dem edlen Arme vorzustellen, der in der staubigen Amtsstube Verordnungen erläßt, die das Licht der Sonne nicht ertragen können. Solche Menschen sind die Todtengräber des Volkslebens, und da das Volksleben mich anspricht und in hohem Grade interessirt, geht es mir wie dem alten Thersites, der bei der Belagerung von Troja unausgesetzt seine Galle ausließ. Ich kann einen Bureaukraten nicht ansehen, ohne ihm die Pest an den Hals zu wünschen, die sich der brave Strandvogt von Sylt so männlich verbat.

G. F. Schumacher

Die Mode 1780

Meine Mutter stand gewöhnlich sehr spät auf. Sonntags war es anders. Selbst die, welche das abenteuerliche Kostüm der Zeit gekannt, werden es kaum glauben, daß sie drei Stunden bedurfte, um sich anzuziehen. Aber es war nicht anders. Um 7 Uhr ward aufgestanden. Dann kam die Frisur. Ein sogenanntes Toupet, ein Haarturm von sechs Zoll Länge, ward mit ungeheurer Mühe über einen Wulst von Wolle und Werg aus den Vorderhaaren gebaut, drei Locken von vier Zoll Länge an jeder Seite mit Haarnadeln künstlich fabriziert, und ein Chignon brachte die Nackenhaare durch Hinaufstecken mit dem ganzen babylonischen Turm in feste Verbindung. Dann ward das Ganze gepudert und endlich noch etwas Flor und Band hie und da angebracht. Dies kostete etwa zwei Stunden. Nun der Anzug. Ehe das Korsett mit zwei eisernen Stangen, dann die Brustbedeckung von Blonden, und so das übrige gehörig vor dem Spiegel arrangiert, das Kleid über die Poschen (große Fischbeintaschen von 1½ Fuß auf jeder Seite von der Taille entfernt) in die richtigen Falten geworfen, die Schuhe mit hohen Absätzen von drei Finger breit, gehörig mit Schnallen versehen, das Schnupftuch in eine der Poschen fast ganz gesteckt ward, aber so daß ein Zipfel hervorragte, dann der Fächer, oder im Winter der Muff vor dem Spiegel probiert war, darüber ging wenigstens eine gute Stunde hin. Wir hatten einen Weg von ¼ Stunde, aber teils der Anstand der Zeit, teils die Unnatürlichkeit der Schuhe erlaubten nur einen höchst langsamen Schritt, und vor ½ 11 Uhr war die Kirche nicht erreicht.

*

Husumer Gesellschaftsleben

In Familienkreisen, wo um die Jahrhundertwende gemischte Gesellschaft war, saßen die Frauen und Töchter vor Tisch abgesondert, und flüsterten allein, wahrscheinlich nur von Küche und Dienstboten. Die Männer spielten *l'hombre,* oder gingen auf und ab, und langweilten sich. Bei Tisch führten nur die letzteren die Unterhaltung, die Weiber und Töchter schienen anzunehmen, daß es sich für sie nicht zieme, mitzusprechen. Die Bewirtung war immer ausgesucht, und dies war der einzige Triumph, den die Weiber erstrebten.

An Sonn- und Festtagen mußte der ganze Familienkreis sich bei den Großvätern oder Vätern der Familie einfinden; die Pietät forderte das, und wenn sie sich auch halbtot gähnten, so war das einmal so, und schien nicht anders werden zu können. Einzelne wenige Fremde wurden zuweilen zugebeten.

Die Haupt- und Staatsaktionen, d. h. große Diners, hatten einen sonderbaren Charakter. Nur Herren wurden gebeten, und genau soviel, als der Saal fassen konnte. Man sammelte sich präzise zwei Uhr, dann gab der Wirt das Signal, und man trat in den Eßsaal. Bei jedem Couvert stand sogleich eine Flasche Wein, und damit die Gäste nicht blöde im Trinken sein möchten, stand an der Wand eine Batterie Flaschen aufgestellt, die zwei- und dreifach den Abgang ersetzen konnte. Man setzte sich, und entweder ganz unten am Tisch, oder an einem kleinen Nebentisch im Winkel saß die Frau, mit einer kleinen Schürze gegen alle Anfälle von Saucen und dergleichen gedeckt, um aufzuwarten, wobei ihr die Mädchen auf Kommando halfen. Nun ward gegessen, und zwar *con amore* und die gesellige Artigkeit forderte, bei jedem Gericht zu bemerken, daß es vortrefflich sei. Dann verneigte sich die Frau, und der Wirt lächelte zufrieden. Hierzu gehörte auch keine Heuchelei; die Tafel war immer ganz virtuosenmäßig in Materie und Form. Man trank brav, doch von unseren Toasten, Reden, gar von politischen Reden, keine Spur; höchstens eine altväterliche oder witzige, zuweilen gereimte scurrile Gesundheit, das war alles.

Je mehr die Gäste aßen und tranken, desto mehr fühlte sich der Wirt geehrt. Wer nur das magere Feld der Unterhaltung mit einigen Späßen würzen konnte, war der Held; aber zu fein mußten sie nicht sein, sonst wurden sie nicht verstanden. Trank jemand ein Glas zu viel, und machte etwas dummes Zeug, so ward dies nie als Exzeß gerügt, sondern man sah es als ein

Kompliment für den Wirt und seinen Wein an, man lachte, und gedachte am anderen Tage der Sache gar nicht weiter. Das altmodische Scharftrinken stand damals auf der Grenze seiner Zeit, und hat sich später in eine Mäßigkeit verloren, von der man damals keine Idee hatte. Gegen fünf Uhr war das Diner aus, man trank Kaffee, ging vielleicht sogar ein Stündchen nach Hause, und kam um sechs Uhr wieder. Dann ward *l'hombre* gespielt, nicht hoch, aber mit Eifer, und gewöhnlich mit Kunde des Spieles. Dabei gab es Thee, und zur Erfrischung der Lebenskraft einen Schnaps. Um neun Uhr war dies in der Regel zu Ende; und nun ging es in den großen Saal, wo die große Bowle mit Punsch fertig stand. Man setzte sich rund umher und sang und zwar so recht Lieder aus der alten Zeit, je sinnlo-

Der Marktplatz mit dem Rathaus in Husum

ser je besser, um nur durch irgend ein Wort oder einen Gedanken einen Impuls zum Leeren der Gläser zu geben. So z. B. »Auf der Brücke zu Paris, da sitzen die Herren von St. Mathies, Sie sitzen da, in Gloria, und trinken solcher Materia«. Während des Refrains: »Materia, Materia« mußte jeder der Reihe nach sein Glas leeren. Oder: »Kaiser Carl de har en Peerd, Dat was en ohle Stute; Op einem Ooge was se blind, dat andre was rein ute«; rein ute, sang alles und man trank: rein ute. Jetzt ist es fast unbegreiflich, wie dergleichen amüsieren könne; damals fand man es sehr natürlich, und so ein Lied ward so oft wiederholt, als Personen da waren. So ganz allmählich schlich sich ein und das andere Kommerslied besserer Art ein, und fand Beifall bei den Alten. Hatte aber jemand Gedächtnis und Laune, plattkomische Sachen vorzutragen, so war er ein besonders angenehmes Mitglied der Societät.

Erholungen und Spaziergehen war eine Sache, die man in Husum nicht kannte. An den schönsten Sommertagen und Abenden ging man nicht zu Felde, sondern in ein Wirtshaus, wo bei Rauch und Bier und Schnaps gespielt oder geklöhnt ward, bis acht Uhr; dann ging es noch nach dem Keller, d. h. Ratsweinkeller, wo ein Quart Wein getrunken ward. Dies dauerte bis zehn Uhr, und am anderen Tage war es wieder wie gestern.

Wie langweilig, geistlos war dieses Treiben, aber es war ein Zeichen der Zeit, Fußwanderungen, Spaziergänge waren im vorigen Jahrhundert und bis in das erste Jahrzehnt unseres Jahrhunderts hinein im Norden etwas Ungewohntes. Wer nicht reiten oder fahren konnte, blieb zu Hause; selbst wer nur vier oder fünf Meilen zu den Seinigen hatte, mußte mit der Post oder irgendeiner Gelegenheitsfuhr in den Ferien dorthin kommen.

Wer von Gebildeten mit seinem Schnappsack auf der Landstraße zu Fuß betroffen wäre, wäre verhöhnt worden, er wäre ja gereist, wie die Knoten reisen, und kein Gastwirt hätte es ihm geglaubt, daß er keiner sei, sondern ihm gleich entgegengerufen: »Hier nicht, die Herberge ist dort weiter hin.«

Graf Adelbert Baudissin

Die heilige Bürokratie

Was eigentlich an der geringen Elasticität der Schleswig-Holsteiner Schuld ist, hat man bisher zu wenig beachtet, oder doch zu wenig gerügt und abzuändern gesucht. Der Grund des Schlaraffenthums liegt unverkennbar in dem Bureaukratenthum, das hier in vollster Blüte steht...

Erst vor einigen Tagen zeigte man mir im Norden Schleswigs einen Baum, an dem sich ein Handwerksbursche aufgehängt hatte. Zwei Bauern, die des Weges kamen und den Selbstmörder noch mit den Beinen zappeln sahen, ritten schnell vorüber und nach Hadersleben, wo sie dem Herrn Bürgermeister von dem Geschehenen Anzeige machten. Nach einer guten Stunde kam Se. Gnaden mit einem Arzt und zwei Polizeidienern angefahren — und ließ den Ast absägen, damit hinfüro kein Selbstmörder auf den Gedanken käme, sich an ihm aufzuknüpfen. Wer aber so dressirt ist, daß er ein Menschenleben zu retten ansteht, weil der Bürgermeister ihm hierzu nicht Erlaubniß gegeben hat, der greift auch nicht zur Heugabel, um sich seines Peinigers zu entledigen.

*

Krabben und Sprotten

Meinem Prinzipe zufolge fange ich mit dem Kleinen an, und nenne zuerst die Krabbe. Es ist dieß eine Karrikatur auf den Krebs, ein kleines Seethier von der Länge eines Zolls, ein Thierchen, das an wohlschmeckendem Fleische den feinsten Flußkrebs übertrifft. Es hat in der That nur ein Laster — es ist zu klein, und es kostet zu viel Mühe und Arbeit, um die Schale abzupflücken; wer daher mit hungrigem Magen vor eine Krabbenschüssel gesetzt wird, ißt sie entweder mit

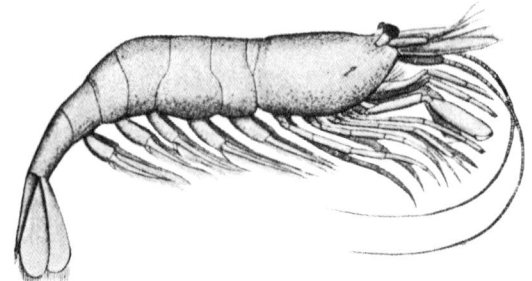

Nordseekrabbe (Crangon crangon)

der Schale und hat bald den Gaumen voll unverdaulicher Stacheln und Fühlhörner; oder er ißt gar keine; oder aber — und dieß habe ich stets vorgezogen — er läßt sich von der Hausfrau, oder noch lieber von ihrer Tochter, die Thierchen präpariren und auf den Teller legen.

Das Meer ist mit Krabben gesegnet; alljährlich werden Millionen gefangen und nach allen Weltgegenden verschickt. Früher war es mir unklar, wovon sich diese Thiere nährten; als aber 1849 am 5. April einige hundert Dänen in die Luft flogen und gleich darauf in's Wasser fielen, und als bald nachher die Krabben doppelt so groß und fett waren, als jemals zuvor, entsagte ich ihrem Genusse und wandte meine Aufmerksamkeit den Breitlingen zu, die ihrem Namen keine Ehre machen, weil sie lange, dünne Häringe sind, die in der gebildeten Welt erst dann Zutritt haben, wenn sie geräuchert und Sprotten getauft sind.

Wilhelm Jessen

Geschichten von Pidder Lüng

Lewer duar üs Slaav

Ich will euch... etwas von dem Sohne des Jakob Lüng erzählen, von Pidder Lüng. Als er noch klein war, hatten die Fischer ihn oft zum Besten, um ihren Spaß mit ihm zu haben. Sie logen ihm im Scherz allerlei vor, was der kleine, unschuldige Peetji anfänglich glaubte. Wenn er zuletzt entdeckte, daß sie ihm etwas weisgemacht hatten, lachte man ihn noch dazu aus. Dadurch wurde der Junge mißtrauisch. Schließlich war er so widerspenstig und hartnäckig geworden, daß er niemals ja, sondern immer nein sagte zu allem, was man von ihm verlangte. Nur gegen seine Mutter, gegen ein weinendes Kind, gegen die seufzende und darbende Armut, gegen den Jammer und das Elend der Menschen konnte er nicht nein sagen. Da war es, als wenn ihm das Herz vor Mitleid brechen und als ob er sich für die Leidenden aufopfern müßte.

Er war unterdes groß und stark geworden und half bereits beim Fischfang; aber er lief nicht mit den anderen Fischern in der Nacht umher, um tolle Streiche auszuüben, sondern ging gewöhnlich für sich allein in den Dünen auf Hörnum.

Eines Abends bei hellem Mondschein und mildem Wetter stand er einsam und in Gedanken vertieft im Wardüntal auf der Stätte, wo das Haus seines Großvaters einst gewesen. Es war um die Zeit, als der Priester Georg besonders ingrimmig gegen die Hörnumer wütete, als er veranlaßt hatte, daß die Vögte gekommen waren, welche die alten Freiheiten und Rechte der Sylter zu unterdrücken strebten. Da kam es ihm vor, als ob eine händeringende, weinende Gestalt auf dem Herdsteine des alten, verbrannten Hauses säße. Je länger er die Gestalt anschaute, desto bestimmtere Züge nahm sie an, desto mehr überzeugte er sich, daß er ein wirkliches Wesen vor sich sah.

»Wer bist du?« fragte er endlich.

»Ich bin die Stavenhüterin. Wo fromme, freie Menschen gewohnt haben, da bewache ich die Stätte, wo sie geweilt, damit der Ort nicht durch Lug und Trug, durch Unrecht und Unterdrückung entweiht werde. Oh, daß Jens Lüng noch lebte in dieser Zeit.«

»Warum?« sprach Peter, »Jens Jüng war mein Großvater.«

»Ach«, sprach das händeringende Weib, »möchtest du ihm ähnlich sein, zu wehren mit festem männlichem Sinn dem Greuel der Verwüstung, der über Friesland immer mehr hereinbricht, und zu retten von den Tugenden und Freiheiten der Vorfahren, was noch zu retten ist, oder, wenn du nicht siegen kannst, wie ich fürchte, im

Kampfe unterzugehen nach alter Weise, denn: »Lewer duar üs Slaav!«
Peter schwur tief erschüttert: »Ja, lewer duar üs Slaav! Ich will in die Fußstapfen meines Großvaters treten, so gut ich es kann und verstehe, so wahr mir Gott helfe!« Darauf verschwand die Fee, die edle Stavenhüterin, welche die Rantumer das Staatemwüfki nennen, die aber später immer seltener den Menschen auf Hörnum erschienen ist. Einige meinen, sie sei der Geist der tugendhaften Ellen gewesen, der Tochter von Jens Lüng.
Damals gingen unterdes Jahre hin und änderten nichts. Eines Tages aber hatte Peter, der jetzt schon 26 Jahre zählte, eine Tracht Kohl heimgetragen, denn seine Eltern aßen besonders gern Grünkohl. Da dieses Küchengewächs auf Hörnum nicht gedeihen wollte, hatte Peter den Eltern zuliebe eine große Tracht davon in Westerland geholt, wo die Familie Freunde hatte. Die Mutter kochte den Kohl am folgenden Tage, und alle drei freuten sich auf das Gericht.
Eben hatten sie sich an den Tisch gesetzt, um sich die dampfende Speise wohlschmecken zu lassen, da öffnete sich die Tür ihres Hauses, und es trat ein vornehmer junger Mann in kostbarer Kleidung herein. In seinem Gefolge waren der alte falsche Pastor Georg, der Landvogt der Insel und der Strandvogt von Rantum.
Der vornehme Herr grüßte nicht, sondern sagte: »Wohnt hier das Gesindel, das Gott und der hohen Obrigkeit trotzt?«
Die alte Kressen ließ vor Schreck den Löffel fallen, Peter knirschte vor Wut mit den Zähnen. Nachdem der langsame alte Jakob sich besonnen hatte, antwortete er: »Wir sind kein gottloses Gesindel, wir sind ehrliche Fischerleute und niemand etwas schuldig. Wer seid Ihr aber, der Ihr in das Haus eines freien Friesen einzudringen wagt, wie es scheint, nicht in guter Absicht?«
»Wer ich bin, alter Trotzkopf, das will ich dir gleich zeigen. Ich bin hierhergesandt im Namen Sr. Majestät des Königs Christian I. und meines Herrn Vaters, des Amtsmannes Henning Pogwisch in Tondern, um euch eures Ungehorsams wegen zu strafen und alles andere trotzige und hochmütige Gesindel hier auf Sylt zu bändigen. Ihr scheint hier noch keine Ahnung davon zu haben, welche Gewalt die Obrigkeit besitzt, noch wie ihr euch als Untertanen gegen sie zu verhalten habt. Das will ich euch lehren, ihr freien friesischen Kohlfresser, die ihr euch erfrecht, Abgaben mit Rochenstacheln zu bezahlen.«
Georg schien tief gerührt zu sein über diese Worte und setzte feierlich hinzu: »Was der Diener Gottes lehrt und die hohe Obrigkeit tut, ist alles recht und alles gut!«
Den jungen Pogwisch überkam bei diesen

Worten eine starke Anwandlung zum Husten und zugleich eine unwiderstehliche Neigung, seinem Spott und einer hochmütigen Laune Luft zu machen. Er spuckte in dieser unglücklichen Aufwallung in die Kohlschüssel der Friesen.
Da war die Geduld des jungen, bisher stille gebliebenen Pidder Lüng zu Ende. Glühend vor Zorn stand er auf. Alle Glieder zitterten ihm. »Wer in den Kohl spuckt, soll ihn fressen!« rief er. Mit riesiger Kraft erfaßte er den Nacken des jungen Pogwisch und drückte ihm das Gesicht in den heißen Kohl, bis der junge Tyrann erstickte.
»Um Gott, was machst du?« schrie Herr Georg. Jakob Lüng und seine Frau erblaßten. Die beiden Vögte nahmen feige die Flucht.
Jetzt erst wurde es draußen lebendig. Die mitgekommenen Fußknechte, Henker und Diener hatten sich, während das eben Erzählte in dem Hause des Jakob Lüng vorgefallen war, über die hölzernen, galgenähnlichen Gerüste der Fischer lustig gemacht, an denen die Rochen und andere Fische zum Trocknen aufgehängt waren. Spottend hatten sie gesagt: »Seht, da sind die Galgen für die Strandräuber schon fertig.« Sie hatten die ungestalteten, übelriechenden Rochen bereits niedergerissen, um den Fischern Platz zu machen.
Doch diese waren noch nicht gefangen und nicht gewillt, sich von einer Handvoll Landsknechte gutwillig greifen und hängen zu lassen. Einer von ihnen rief: »Sie wollen wieder Abgaben haben. Wartet nur, wir bezahlen mit Rochenstacheln!« Eiligst schnitten sie ihren Rochen die stacheligen Schwänze ab und fielen mit diesen gefährlichen Waffen über die Knechte des Amtmannes her, hieben ihnen die Köpfe und den Rücken wund und jagten sie in die Flucht.
Jetzt kamen die Vögte und der Priester aus dem Hause des Jakob Lüng, und zwar erstere in großer Angst. »Seid ihr blind, oder könnt ihr sehen?« riefen die tollen Fischer ihnen zu.
»Wir sind blind und geschlagen, wir sehen nichts!« antworteten die feigen Vögte.
»Ich verfluche euch in die Hölle, ihr Heiden!« schrie der Priester.
»Aha«, riefen die Fischer, »da ist der Herr Gierig auch, den müssen wir blind machen!« »Nein, wir wollen ihm die Zehnten geben von den Rochenschwänzen!« »Hört, seid nicht karg gegen ihn, gebt ihm reichlich!«
Unter solchen Ausrufen hieben die erbosten Hörnumer dermaßen auf den falschen Priester ein, daß die giftigen Stacheln ihm die Haut von den Knochen rissen und zum Teil in dem Fleisch stecken blieben. Nur mit genauer Not kehrte der unglückliche Georg lebendig nach Rantum zurück.

So ging es, bei den Raben, damals auf Hörnum zu.

»Wer in den Kohl spuckt, soll ihn selbst aufessen«, ist ein noch oft gebrauchtes Sylter Sprichwort. Es erinnert uns an Pidder Lüngs Freiheitstat, der es seinen Ursprung verdankt.

Die Flucht vor den Häschern

Nach diesem Aufruhr auf Hörnum wurde es eine Zeitlang sehr still. Die Leiche des jungen Pogwisch wurde von den Hörnumern halbwegs nach Rantum gebracht. Von dort holten die Diener des Amtmannes sie ab. Sie waren der Meinung, daß der junge Herr vor Zorn an einem Schlagflusse gestorben sei, weil er keine Verwundungen an seinem Körper hatte. Doch scheint das Gerücht von dem Morde ungeachtet der Verschwiegenheit der beiden Vögte, die, wie man sagte, zwei alte eingeborene Schlafmützen waren, dennoch bekannt worden zu sein, denn Pidder Lüng konnte sich später viele Jahre lang nicht wieder auf Sylt sehen lassen. In dem Ewer seines Vaters fuhr er von Hörnum weg auf See und in die Fremde, und man hörte lange nichts von ihm. Viele der Fischer folgten ihm nach, mindestens hieß es so. In der Fremde gesellten sich allerlei andere flüchtige Leute zu ihnen, besonders von Nordstrand und Husum, wo ebenfalls damals ein Aufstand gewesen war. Diese vielen Menschen trieben sich dann jahrelang umher, bald als Fischer, bald als Seeräuber, bald als Stranddiebe. Auf Amrum und Hörnum ließen sie sich öfter sehen, schienen aber Helgoland ganz besonders als ihre Zuflucht zu betrachten und zu benutzen.

Als der böse Amtmann erfuhr, wie es seinem Sohn und seinen Dienern auf Sylt ergangen war, wurde er sehr traurig, aber nicht weniger zornig. Er ließ alle Fußknechte und Soldaten von dem ganzen Amte zusammenkommen und sandte sie mit den strengsten Befehlen, die Hörnumer Fischer und Stranddiebe tot oder lebendig nach Tondern zu bringen, nach Sylt.

Pidder Lüng und alle schuldigen Fischer waren jedoch bereits auf das Meer entflohen. Nur einige alte, schwache Leute, und unter ihnen auch Jakob Lüng und seine Frau, waren noch auf Hörnum. Durch die Rantumer erfuhren sie, daß die Knechte des Amtmannes gekommen waren, um die Hörnumer Aufrührer zu fangen. Da mußten auch sie sich zur Flucht rüsten.

Jedoch Jakob Lüng wollte nicht. Seine Frau sagte zu ihm:»Wenn die Dänischen die Schuldigen nicht finden, so werden sie die Unschuldigen mitnehmen und büßen lassen. Wir müssen fliehen.«

»Ich mag nicht fliehen, ich laufe vor niemand«, antwortete Jakob.

»Aber, lieber Mann, sie werden dir das Leben nehmen«, sprach Kressen. »Nun, laß sie, ich bin alt genug zum Sterben«, war die Antwort.

Als die Frau sah, daß ihr Mann unbeweglich blieb, ging sie hinaus, um mit den Nachbarn zu sprechen. Erst gegen Abend kehrte sie wieder heim. Sie zündete die Lampe an und legte ihre Kleider und die notwendigsten Sachen bereit wie zur Flucht, sprach aber nicht mehr mit ihrem Manne davon. Kaum war sie fertig, da wurde heftig an die Haustür geklopft. Kressen blies schnell die Lampe aus und ging nach der Tür, um aufzumachen.

Die hereintretenden Männer sprachen dänisch, harte und rauhe Worte, welche die beiden Eheleute nur teilweise verstanden. Mit leichter Mühe banden die rauhen Fremdlinge dem alten, langsamen Jakob die Hände und führten ihn samt seiner widerstrebenden Frau aus dem Hause fort.

Die Gesellschaft wanderte schweigend durch die Dünen nach dem Meere und dann längs dem westlichen Strande nordwärts. Nach ungefähr drei Stunden stiegen alle, noch immer schweigend, über die Dünen. Sie waren in einer dem stumpfsinnigen Jakob wildfremden Gegend. Mitten in einem wilden, ziemlich verborgenen Dünenkessel standen die Reste eines alten, im Sande halbbegrabenen Hauses. Man klopfte hier an. Ein kleiner, buckliger Mann, den die Begleiter oder Entführer des alten Ehepaares in der Sylter Sprache anredeten und den sie Pua nannten, öffnete leise die Tür, ließ alle ein und schloß leise wieder zu.

Am folgenden Morgen stürmten die tondernschen Häscher nach Hörnum, fanden aber das Nest leer. Sie zerstörten das Haus des Jakob Lüng, nachdem sie es geplündert hatten, und auch die übrigen Hütten, die aber nicht viel zum Besten hatten, plünderten sie. Darauf begannen sie, alle Dörfer und Schluchten der Insel nach den geflohenen Aufrührern zu durchsuchen. Sie forderten alle wohlgesinnten Sylter auf, ihnen zu Hilfe zu kommen. Es waren aber keine ihnen wohlgesinnten Sylter zu finden als der Priester Georg. Der lag jedoch im Sterben und konnte ihnen nichts mehr nützen. Jetzt wollte man die Hilfeleistung erzwingen, allein die Sylter waren und blieben widerspenstig und rührten sich nicht. Sie schienen eher geneigt zu sein, allesamt die Rochenschwänze in die Hand zu nehmen, um die regiersüchtigen Fremdlinge zu verjagen.

Unterdessen kamen für die Dienstleute des Amtmannes, ehe sie den Zweck ihrer Sendung erreichen konnten, schlimme Nachrichten vom Festlande. Als die tondernschen Geest- und Marschharden des Festlandes von den dienstbaren Geistern des tyrannischen Amtmannes entblößt waren, begannen die Bauern auch dort, trotzig zu werden. Sie wollten keine Steuern mehr bezahlen und machten Miene, nach Tondern zu gehen, um den bösen Amtmann zu erschlagen. Jedoch der König Christian, der den Unfrieden merkte und die Grausamkeiten des Amtmannes und seiner Söhne nicht länger dulden wollte, kam den Bauern zuvor. Er ließ den Amtmann absetzen und samt seinen Söhnen gänzlich aus dem Reiche vertreiben.

Infolgedessen wurden die Sylter unerwartet von den ihnen lästigen Fußknechten und Soldaten erlöst. Sie mußten aber von dieser Zeit an zur Strafe für den Mißbrauch der Rochenschwänze und Rochenstacheln alle Jahre eine besondere Steuer bezahlen, die sogenannte Rochensteuer.

Man konnte eine Zeitlang nicht erraten, wo die auf Sylt zurückgebliebenen Hörnumer verborgen waren. Allein, als die Gefahr vorüber war, kamen sie wieder zum Vorschein, und da zeigte es sich, daß sie eine Zuflucht gefunden hatten bei einem Manne, der Pua hieß. Dieser wohnte einsam in dem noch jetzt bekannten Dünental, das nach ihm Puanstööwen heißt und südwestlich von dem jetzigen Westerland in der Gegend des alten Eidums liegt. Sein Haus war in der Flut, welche Alt-Rantum und Eidum zerstörte, übriggeblieben.

Jakob Lüng und seine Frau nahmen ihren Wohnsitz in Rantum und sind dort auch gestorben. Ohne eigentlich krank gewesen zu sein, soll Jakob während seiner letzten Lebensjahre stets zu Bett gelegen haben. Die meisten der Alt-Hörnumer Fischer scheinen aber in der Folge wieder ihre alte Heimat am Buder aufgesucht und bewohnt zu haben, doch blieben auch einige in den westlichen und mittleren Dörfern Sylts.

Dem Priester Georg brachten seine Wunden bald den Tod. Als er sein Ende herannahen fühlte und nicht mehr gehen konnte, soll er auf Händen und Knien nach dem Keller der Ratsburg zu seinen Schätzen und den Gebeinen der Liekendeler gekrochen und in diesem selbstgewählten Grabe gestorben sein. Doch scheinen die derzeit lebenden Rantumer sein Grab nicht gekannt zu haben, obgleich sie ihn noch lange nach seinem Tode in dunklen Nächten als Gespenst auf dem Wall der alten Burg gesehen haben wollen. Einst soll er als Gespenst die in der stets offenstehenden Marienkirche zu Rantum spielenden Kinder, als die Nacht kam, aus der Kirche gejagt haben. Nach diesem Ereignis wurde das Gotteshäuschen nur an Sonntagen geöffnet.

Pidder Lüngs Tod

Erst nach langer Abwesenheit kehrte Pidder Lüng nach seiner Heimatinsel zurück.

Aber er galt noch immer, selbst bei vielen seiner Landsleute, für einen verdächtigen Flüchtling, für einen sich selbst verbannenden Verbrecher. Er fühlte sich daher durchaus nicht sicher auf Sylt und konnte sich auf dem Festlande nicht sehen lassen, obgleich der tyrannische Amtmann Pogwisch längst vertrieben war. Zu seinem und seiner Genossen Schutz ließ er die alte Rantumburg aufs neue befestigen. Bei dieser Gelegenheit fand er eine Menge vergraben gewesener Schätze.

Jetzt hatte er die Mittel in Händen, für sich und seine ihm sehr ergebenen Kameraden besser als früher zu sorgen und eine größere Flotte ausrüsten zu können. Schnell und leicht sammelte er noch mehr Flüchtlinge und Landsleute um sich und bemannte seine Schiffe. Dann machte er seine Leute bekannt mit seinen Plänen.

»Wir wollen kämpfen für die Einheit und die Freiheit des friesischen Volkes. Alle Schiffe der Völker, Fürsten und Städte, welche die Friesen zu unterjochen oder zu besteuern strebten, wollen wir bekriegen, wegnehmen oder zerstören. Wir sind von jetzt an vogelfrei. Das Meer ist nunmehr unsere wahre Heimat und unser Acker, auf dem allein wir wohnen, pflügen und ernten können. Sobald wir das Festland betreten, warten unser Galgen und Rad. Galgen und Rad sollen daher das Zeichen sein, unter dem wir kämpfen wollen. Bei diesem Zeichen gelobt mir Treue.«

Zur beständigen Erinnerung an ihr Versprechen ließ Peter jedem seiner Schiffsleute das Zeichen eines Galgens und eines Rades auf die Kleider nähen. So ausgerüstet, fuhr er mit seiner Flotte auf die See hinaus.

Die Helgoländer Bucht, die Mündungen der Elbe, Weser, Eider und Jade, die holländischen und dänischen Küsten waren die Hauptschauplätze der Taten dieser Freibeuter, die viele Jahre hindurch die Nordsee beunruhigten. Sie kämpften übrigens nicht allein mit den Kriegsschiffen der Dänen, Holländer und Hansastädte, sondern sie plünderten auch die friedlichen Handelsschiffe und Fischerfahrzeuge dieser Nationen. Wenn zwischen anderen streitenden Mächten ein Seegefecht stattgefunden oder ein Sturm unter den segelnden Schiffen aufgeräumt hatte, hielten sie Nachlese.

In Zeiten der Not waren die Sandbänke, Dünen und kleinen Inseln ihre Zufluchtstätten und Schlupfwinkel. Ihre Hauptsammelplätze waren aber Helgoland und der alte Freihafen auf Hörnum, woselbst sie auch Winterquartier zu halten pflegten. Lange Zeit schien das Glück dem Freiheitskämpfer Peter von Hörnum günstig zu sein. Wegen seiner Kühnheit und seiner persönlichen Stärke sowie der Menge seiner Kampf- und Raubgenossen wegen fand der furchtbare Seeheld selten nachhaltigen Widerstand. Je höher nun sein Glücksstern stieg, desto größer wurden auch sein Mut und sein Stolz. Indessen erlitt seine Flotte, in kurzer Zeit mehrfältig Verluste durch Stürme und Seegefechte, denn seine bisherigen Erfolge hatten ihn nicht bloß übermütig, sondern auch sicher und sorglos gemacht. Nach einem großen Verlust an Schiffen, Mannschaften und Vorräten landete Peter wieder auf Hörnum. Dort fand er vieles verändert; seine Schanze bei Rantum war sogar zerstört. Peter fragte die Rantumer, wer es gewagt habe, so eigenmächtig zu handeln. Man nannte ihm den Strandvogt Erk Mannis zu Westerland und die übrigen Land-, Strand- und Bauernvögte der Insel.

Da gingen ihm die Augen auf, daß jetzt oder nie die Macht der Vögte gebrochen werden müsse. Er sammelte daher seine besten und treuesten Leute und marschierte mit ihnen nach Westerland. Hier ließ er seine Mannschaft plündern und ging selber mit sieben Mann zu Erk Mannis, um ihn für die Zerstörung seiner Schanze zu bestrafen.

Der Strandvogt war aber ein kluger und entschlossener Mann, er stellte sich freundlich gegen die Eindringenden, lud sie zu Tisch und bewirtete sie mit dem Besten, was seine Küche und sein Keller enthielten. Jedesmal, wenn Pidder Lüng von der Burg zu sprechen anfangen wollte, holte Erk Mannis wieder frischen Vorrat aus dem Keller und setzte eine Flasche noch besseren Weines vor seinen Gast. Dieser trank daher samt seinen Leuten, bis alle betrunken auf der Diele lagen.

Eilig nun ließ der Strandvogt alle waffenfähigen Einwohner von Westerland und Tinnum zusammenrufen. Mit ihrer Hilfe schlug er die meist einzeln in den Dörfern umherstreifenden Räuber in die Flucht. Die für ihr Eigentum tapfer fechtenden Sylter sangen dabei:

»Dat geit darna to mit alle Mann
Mit Bössen, Schwert und Forken.
De hier nich fechten will un kann,
Dat sind wol rechte Schorken!«

Nachdem sie die Mehrzahl der Räuber verjagt hatten, wandten sie sich nach der Wohnung des Strandvogts. Pidder Lüng erholte sich schnell von seinem Rausch, als er Gefahr bemerkte. Da die Möglichkeit zur Flucht ihm und seinen Genossen abgeschnitten war, so verrammelte er die Türen des Hauses aufs beste und beschloß, sein Leben so lange als möglich zu verteidigen.

Die das Haus bestürmende Menge versuchte unterdes, die Türen aufzubrechen, um sich der Räuber zu bemächtigen. Als es nicht gelingen wollte, stieg man auf das Dach und bahnte sich durch dasselbe einen Weg. Nach verzweifeltem Widerstande wurden Pidder und seine Genossen endlich überwältigt.

Die Gefangenen stellte man alsdann vor das Gericht des Sylter Rates. Mit Widerstreben, wie es heißt, sprach dieses nach dem alten friesischen Gesetz das Todesurteil über die Seeräuber aus. Nach einigen Tagen wurde Pidder Lüng samt sechs seiner Mitschuldigen wirklich auf dem Galgenhügel auf der Heide bei Munkmarsch aufgeknüpft. Den achten der gefangenen Räuber, einen Knaben, ließ man seiner Jugend wegen laufen. Aus Rache steckte dieser später das Haus des Erk Mannis in Brand.

Das war also das traurige Ende des feurigen Jünglings, der einst geschworen, in die Fußstapfen seines Großvaters Jens Lüng zu treten, das war das Ende des heldenmütigen Hörnumers, der mit dem edlen Vorsatz, für die Freiheit seines Volkes zu kämpfen und zu siegen, oder zu sterben, einst seine Laufbahn angetreten hatte. Wenn auch die Mittel, die er zur Erreichung seiner Absichten gewählt hatte, nicht die rechten gewesen sind, so war er doch treu geblieben seinem hohen Vorsatz und dem Wahlspruch seines Volkes: Lewer duar üs Slaav! (Lieber tot als Sklave).

Graf Adelbert Baudissin
Der gebildete Knecht

Welchen Einfluß das geistige Leben und Streben der besitzenden Klasse aber auf die dienende und besitzlose Klasse auszuüben vermag, hiervon habe ich heute einen Beweis bekommen, der mich in das gerechteste Erstaunen setzte. Mir erzählte ein Buchhändler, daß in dem Dorfe Taarstedt ein Knecht, Namens Asmus Petersen, dient, der den größten Theil seines Lohnes für Bücher ausgibt, und namentlich gegen vierzig Werke über Bienenzucht besitzt. Diesem Knecht hatte der Buchhändler den dritten Band von Gustav Rasch's verlassenem Bruderstamm zugeschickt; er erhielt ihn aber mit folgendem Gedichte wieder zurück:

»Wenn der verlassene Bruderstamm vollendet,
Wie ich aus Ihrer Sendung hab' erfahren,
So zürnen Sie mir nicht ob mein Gebahren,
Daß ich nicht achte, was Sie mir gesendet.
Ich kämpfte auch freiwillig in den Schaaren
Von Anfang an, bis daß der Kampf geendet,
Und sich das Blatt zu unserm Weh gewendet,
Das uns durchzucket nach so vielen Jahren.

Doch, ob die Leiden mir zu Herzen gehen,
Ich ehrend anerkenne, die es lindern —
Und Gustav Rasch zur Seite möchte stehen,
So kann dieß doch die Rücksendung nicht verhindern,
Die Jahresrechnung will bezahlt man sehen,
Und dieß ist ja das Mittel, sie zu mindern!«

(Anmerkung des Herausgebers: Raschs Buch handelte von der Enttäuschung der Schleswig-Holsteiner, die sich nach ihrem Aufstand 1848 gegen Dänemark vom Deutschen Bund im Stich gelassen fühlten).

Sammlung Christian Jenssen

Was sich die Dithmarscher erzählen — Der weiße Wolf

Ein König verirrte sich einmal auf der Jagd in einem großen Wald und konnte sich gar nicht zurechtfinden. Mehrere Tage war er schon herumgewandert, hungernd und durstend, und er war ganz verweint in seiner Not. Da kam ein klein schwarzes Männchen zu ihm und sprach: »Ich will dich heimführen, wenn du versprechen willst, mir das zu geben, was dir zuerst aus deinem Hause entgegen kommt.« Da sagte der König in Gedanken ja. Unterwegs aber sprach der König: »Ich wollte, mein bester Hund käme mir entgegen.« Aber das Männchen antwortete: »Das wollte ich nicht; ich wollte, es wäre deine jüngste Tochter.« Als sie nun zu dem Schloß kamen, erblickte die Tochter ihren Vater durchs Fenster, denn sie hatte schon lange nach ihm ausgesehen, und nun lief sie schnell hinaus, ihren Vater zu umarmen. Als sie aber an seinem Halse hing, rief er ganz beklommen: »Ich wollte lieber, daß mein Hund mich empfangen hätte.« Da fing die Tochter bitterlich an zu weinen und sagte: »Bin ich dir denn nicht besser als dein Hund?« Da weinte der Vater mit, denn es war ihm ganz gram, daß das Männchen nun seine Tochter haben sollte. Er erzählte ihr alles unter Tränen, aber sie sprach: »Habe ich dein Leben retten können, so gehe ich gerne hin.« Nach acht Tagen, so wurde es ausgemacht, sollte das Männchen die Braut holen.

Als die Zeit nun um war, erschien ein weißer Wolf, und die Königstochter setzte sich auf seinen Rücken. Und nun ging's fort in schrecklicher Eile durch dick und dünn, über Hecken und Knicke, über Berg und Tal, daß sie bald ganz müde wurde vom Reiten. Als sie aber fragte, ob sie noch nicht bald zur Stelle wären, antwortete der Wolf: »Schweig, sonst werfe ich dich hinunter, es ist noch weit zum gläsernen Berg!« Und wieder lief der

Wolf durch dick und dünn, über Hecken und Knicke, über Berg und Tal, daß sie es fast nicht länger aushalten konnte. Da fragte sie wieder: »Sind wir noch nicht bald da?« Aber der Wolf sagte: »Sprichst du noch einmal, so werf ich dich hinunter; es ist noch weit bis zum gläsernen Berg!« Und nun ging's noch viel toller als vorhin. Da konnte sie es am Ende gar nicht länger aushalten und fragte noch einmal: »Sind wir noch nicht bald da?« Kaum aber hatte sie das gesagt, so stürzte sie herunter, und der weiße Wolf lief davon.

Nun war sie ganz allein in der weiten Welt und wußte nicht woher noch wohin. Endlich aber ging sie weiter und dachte, du mußt doch zu Leuten kommen, und die kannst du fragen nach dem weißen Wolf. Bald darauf kam sie auch zu einer kleinen Hütte, da saß da eine alte Mutter, die kochte sich eine Hühnersuppe. Das Mädchen fragte sie gleich, ob sie nicht den weißen Wolf gesehen habe. »Nein«, antwortete das Mütterchen, »den weißen Wolf habe ich nicht gesehen, da mußt du den Wind fragen, der fegt in alle Löcher und reist täglich zu Wasser und zu Lande; aber bleibe nur erst ein bißchen hier und iß eine Hühnersuppe zu Mittag.« Das tat die Königstochter auch. Die Alte aber sprach, als sie wieder gehen wollte: »Nimm die Knöchelchen alle mit, die werden dir noch einmal zugute kommen.« Darauf wies sie ihr den Weg nach dem Winde.

Als sie nun bei dem Wind ankam, saß der auch und kochte sich eine Hühnersuppe. »Herr Wind«, sagte das Mädchen, »du reist ja über Wasser und Land alle Tage, hast du nicht den weißen Wolf gesehen?« »Nein«, sagte der Wind, »den weißen Wolf habe ich nicht gesehen, heute bin ich noch nicht aus gewesen, da mußt du zu der Sonne gehen und die fragen, die steht früh auf und weiß und sieht alles, denn sie guckt in alle Löcher und steigt über alle Berge und Bäume; aber erst iß eine Hühnersuppe mit mir.« Das Mädchen ließ sich's wieder gut schmecken, sammelte alle Knöchlein, wie der Wind ihr riet, und ließ sich dann von ihm auf den rechten Weg nach der Sonne weisen. Als sie nun zur Sonne kam, hatte auch die den weißen Wolf nicht gesehen, und sie riet ihr, zum Mond zu gehen, denn der sehe, wenn niemand sehe, und wenn der ihr keinen Bescheid sagen könne, so könne es niemand; aber ehe das Mädchen fortging, mußte sie auch mit der Sonne eine Hühnersuppe essen und die Knöchlein mitnehmen. Als sie nun zum Mond kam, war der auch dabei, sich eine Hühnersuppe zu kochen, aber vom weißen Wolf wußte er nichts zu sagen. Da fing das Mädchen an zu weinen und sprach: »Wen soll ich denn nun fragen?« »Komm«, sagte der Mond, »iß erst die Hühnersuppe mit mir, und dann wollen wir weiter sprechen.« Als sie nun saßen und aßen, sagte der Mond: »Hab ich doch mein Lebtag nicht vom weißen Wolf gehört; was es damit ist, begreife ich nicht; aber das schwarze Männchen gibt diese Nacht Hochzeit im gläsernen Berg.« »Ach ja, der gläserne Berg! Der gläserne Berg! Das hatte ich ganz vergessen, der ist es, dahin soll ich«, rief die Königstochter ganz vergnügt und bat den Mond, ihr gleich den Weg dahin zu zeigen. »Nun, nun«, sagte der Mond, »wir haben noch Zeit, iß nur zuerst die Hühnersuppe auf und nimm alle Knöchlein mit, die werden dir noch zugute kommen.« Da aß sie schnell die Hühnersuppe auf, nahm die Knöchlein, aber in der Eile vergaß sie eins. Dann brachte der Mond sie an den gläsernen Berg. Der aber war so glatt und glitzig, daß sie nicht hinaufkommen konnte. Da nahm sie nun ihre Knochen und baute sich eine Leiter daraus, es fehlte aber endlich eine Sprosse, weil sie einen Knochen vergessen hatte. Da schnitt sie sich ein Gliedchen von ihrem kleinen Finger ab, und nun kam sie zur Höhe. Von da führte eine wunderschöne Treppe abwärts in den Berg, darauf stieg sie hinab und kam zum schwarzen Männlein. Der aber war ein hübscher verzauberter Prinz, und eine junge Frau war ihm angezaubert, mit der feierte er Hochzeit in aller Herrlichkeit im gläsernen Berg. Es war da ein prächtiger Saal, wo alles von Gold und Edelsteinen funkelte, und der Prinz saß mit seiner Frau an der glänzenden Tafel und speiste, als die Königstochter eintrat; er aber kannte sie nicht, aber sie ihn wohl. Da fing sie an zu singen von einem weißen Wolf, dem hätte ihr Vater sie versprochen und mit Tränen hingegeben. Der Wolf, schnell wie ein Vogel, hätte sie fortgebracht über Hecken und Knicke, über Berg und Tal und zuletzt sie verlassen, einsam und allein in der weiten Welt. Nun sei sie überall umhergeirrt und hätte nach dem weißen Wolf gefragt, aber niemand hätte ihr von ihm Bescheid gegeben. Als der Prinz das hörte, wurde er ganz aufmerksam, horchte und sah sie an, und als sie das Lied geendet hatte, bat er sie, es noch einmal zu singen. Und als sie das getan, da erkannte er sie, und sein Zauber war gelöst. Da verstieß er seine frühere Frau und heiratete die Königstochter; dann aber reisten sie beide zu ihrem Vater, der nun ganz vergnügt darüber war, daß seine Tochter einen so hübschen Mann bekommen hatte, und sie lebten von nun an so recht froh und glücklich beieinander, und wenn sie noch nicht gestorben sind, so leben sie noch heute.

Jann Klug

Es war einmal eine Mutter, die hatte einen Sohn, der war so klug, in der Schule war er immer der Beste. Darum sagten alle »Jann Klug« zu ihm. Als er reichlich zwanzig Jahre alt war, sagte er zu seiner Mutter: »Hier im Dorf kann ich doch nichts werden, ich will in die Welt hinaus und mein Glück machen, dann hole ich dich mit zwei Pferden.« »Wenn das man wird. Man kann ja nicht wissen, was geschieht.« »Pack mir man den Rucksack, dann geht's morgen früh los.« Am nächsten Morgen ging er noch zu den Pferden und streichelte sie und auch den Hund. Dann kam die Mutter an die Tür und sagte zu ihm: »Jann, du mußt aufstehen.« Als er nicht gleich antwortete, sagte sie: »Muß ich noch einmal mit einem nassen Tuch kommen?« »Nicht nötig!« »Was läßt du mich zweimal rufen.« »Ja, ich wollte es noch einmal hören!«

Dann ging er los. Die Sonne schien, die Vögel sangen in den Bäumen, und er sang alle Wanderlieder, die er kannte. Gegen Abend kam er durch eine Heide, da sagte er zu sich selber: »Im nächsten Dorf muß ich wohl sehen, daß ich eine Unterkunft kriege, wenn ich auch dafür arbeiten muß.« »Kannst bei mir einhüten«, sagte jemand neben ihm. »Donnerschlag«, sagte Jann, »kannst du leise gehen, ich hatte dich gar nicht gehört!« Es war ein Hexenmeister. »Was muß ich denn tun?« fragte Jann. »Nur das Feuer unter dem Kessel ingang halten und das Vieh füttern.« »Wieviel Vieh hast du denn?« »Zwei Stück.« »Das ist ja denn ein Klacks.« Als sie in die Küche kamen, sagte Jann: »O, was für ein großer Kessel ist das! So einen großen habe ich noch nie gesehen.« »Dann wollen wir mal gleich zum Vieh gehen.« Der Hexenmeister machte die erste Tür auf. »Ach, ein afrikanischer Löwe, den habe ich mir aber ganz anders vorgestellt, den mag ich nicht leiden.« Im andern Stall stand ein Reh »Oh, ein Reh«, sagte Jann, »das mag ich aber leiden!« »Hier sind zwei Kisten«, sagte der Hexenmeister, »die eine ist mit Häcksel und die andere mit Fleisch gefüllt. Du gibst dem Löwen das Häcksel und dem Reh das Fleisch.« »Du meinst es wohl anders rum«, sagte Jann. »Nein, so wie ich es gesagt habe.«

Am nächsten Morgen machte Jann erst das Feuer an, ging dann zum Stall und sagte zu sich: »Löwe — Häcksel, Reh — Fleisch? Ich mache es einfach anders.« Und so tat er es auch. Da sagte das Reh: »Jann, Jann Klug, was hast du gemacht? Du hast mir ja das Häcksel gegeben!« »Kleines Reh, kannst du sprechen?« »Ja, ich bin die Prinzessin Ingrid, der Hexenmeister hat mich in ein Reh verwandelt.« »Tut mir leid, kann ich dir helfen?« »Ja, Jann, wenn du den Mut dazu hast.« »Ja,

Mut habe ich.« »Dann gehe zum Hexenmeister, auf dem Tisch in seiner Stube steht ein Glas Wein, das mußt du austrinken, dann wirst du stark sein. Dann steht auf dem Tisch noch eine Flasche mit Wasser und ein Stück Holz, das nimmst du und des Hexenmeisters Schwert.« »Das habe ich gemacht.« »Dann mache den Strick los!« Draußen sagte das Reh: »Setz dich auf meinen Rücken.« »Kannst du mich tragen?« Als sie eine Zeitlang gelaufen waren, sagte das Reh: »Hörst du was kommen?« »Nein.« Und dann wieder. »Ja, es kommt der Hexenmeister auf dem Löwen angeritten, was nun?« »Du mußt das Stück Holz wegwerfen und sagen: vor mir hell und hinter mir dunkel.« Das tat Jann auch, und auf einmal lag vor ihnen ein Wald. Da mußten sie nun erst durchreiten. Als sie hindurch waren, sagte das Reh: »Nun wirf die Flasche weg!« Auf einmal lag ein großes Wasser vor ihnen. Der Löwe sprang ins Wasser. Da sagte das Reh: »Wenn der Löwe wieder raussteigen will, mußt du alle Kraft nehmen und dem Löwen und dem Hexenmeister mit dem Schwert über den Kopf hauen.« Das tat er und schlug allen beiden den Kopf ab. »Das hast du gut gemacht. Nun hau mir mal den Kopf ab!« »Das tue ich nicht.« »Ja, Jann, wenn du mich lieb hast, dann tust du es doch!« »Ich halte die Augen zu«, sagte Jann, und als er sie aufmachte, stand eine schöne Prinzessin vor ihm, »nun hast du mich erlöst, komm mit zum König, wir sind bald da.« »Zum König mag ich nicht«, sagte Jann. »Aber mein Vater ist sehr gut, du brauchst dich nicht zu fürchten.«

Der König hatte gerade zum Minister gesagt, daß jetzt der Tag wäre, an dem Ingrid, seine Tochter, vor einem Jahr verschwunden war. Da wurde vom Turm geblasen. »Was ist los?« fragte der König. »O, Herr König!« Da stand auch schon Ingrid vor ihm, und die Freude war sehr groß. Sie erzählte nun, wie es ihr ergangen war und daß Jann sie erlöst habe. Da mußte Jann zum König kommen, und der König bestimmte, daß er bei ihm bleiben solle. Ein Fest wurde gefeiert und viele Ritter wurden eingeladen. Da blies es wieder vom Turm. Was ist los? Der Feind kommt, rasch zu Pferde! »Soll ich auch mitkämpfen?« fragte Jann. »Hast das ja nicht gelernt, bleibe bei Ingrid.« Jann sah, daß der Feind schwer abgewehrt werden konnte, und dachte daran, daß er ja das Schwert des Hexenmeisters habe. Er holte sich schwarzes Rüstzeug, ein Pferd aus dem Stall und ritt nun mit gegen den Feind. Bald hieß es: »Der schwarze Ritter! Der schwarze Ritter!« und alles floh dahin. Jann brachte sein Pferd rasch in den Stall, zog die Rüstung aus und wusch sich die Wunden in der Waschschüssel. Dann ging er wieder zu den anderen. Der König fragte: »Wer war der schwarze Ritter?« Jann sagte nichts dazu. Da mischte sich der Minister ein und sagte: »In Janns Waschschüssel ist Blut.« Ingrid lief davon und fand die schwarze Rüstung. Sie ging zu ihrem Vater und sagte: »Frage Jann, ob er der schwarze Ritter gewesen ist.« Darauf sagte Jann: »Ja, Herr König. Ich sah, daß Ihr Euch gegen die Übermacht nicht halten konntet.«

Da sagte der König: »Ingrid hast du erlöst, zum Siege hast du uns verholfen, nun sollst du auch König werden und Ingrid zur Frau haben. Hole deine Mutter und wir wollen Hochzeit feiern.« Als König mußte er ja nun mit sechs Pferden fahren. Als er bei seiner Mutter ankam, sagte er: »So, nun hole ich dich, nicht mit zwei, sondern mit sechs Pferden.« »Jann, tüne nicht«, sagte die Mutter. »Kuck nur aus!« »Wahrhaftig —!!!« »Zieh dir dein bestes Kleid zur Hochzeit an«, sagte Jann, »denn ich soll König werden!«

*

Der Geist im Kasten

Ein Bauer in Osterborstel bei Albersdorf wurde mit einem Male wohlhabend und reich und in allen Dingen glückte es ihm. Einmal war er mit seiner Frau ausgegangen. Da fand das Dienstmädchen, das schon lange neugierig gewesen war, daß der Schlüssel in einem alten Schranke steckengeblieben war, in dem sie oft ihre Herrschaft heimlich hatte kramen sehen. Sie öffnete ihn und fand weiter nichts darin als einen kleinen Kasten. Als sie aber auch diesen öffnete, sprang da ein kleiner spannenlanger Kerl heraus mit einer spitzen roten Mütze auf dem Kopfe und entwischte. So sehr sie sich nun auch bemühte, seiner wieder habhaft zu werden, so war es doch alles umsonst. Wenn sie eben meinte, sie hätte ihn in einer Ecke fest, so war er schon wieder in der anderen. Am Ende lief er die Treppe hinauf auf den Boden und foppte das Mädchen ebenso. In der Furcht, entdeckt zu werden, weil der Bauer bald zurückkommen mußte, eilte sie in die Küche, machte die Feuerzange glühend und ging damit hinter dem Kleinen her. Da merkte er, daß es Ernst wurde. Er fing jämmerlich an zu schreien und wußte nicht mehr, wo er hin sollte, lief hin und her, bis er das Bodenloch fand, die Treppe hinuntereilte und dann wieder in seinen Kasten sprang. Das Dienstmädchen tat nachher, als wenn nichts gewesen wäre. Von der Zeit an aber wußte man im Dorf, woher der Bauer seinen Wohlstand hatte.

*

Der alte Scheffel

Ein Bauer war nicht gut gegen seinen Nis Puk, er gab ihm niemals Buttergrütze an den Festabenden. Da ging es zurück mit ihm, und zuletzt mußte er seinen schönen Hof verkaufen und sich in der Nachbarschaft eine kleine Landstelle wiederkaufen. Der Knecht des Hofes aber hatte täglich mit dem kleinen Nis geplaudert, und darum besuchte er ihn auch jetzt noch, so oft er Zeit dazu hatte. Eines Tages fragte ihn der Nis: »Wie geht es denn deinem Bauern?« — »Es geht ihm schlecht.« sagte der Knecht, »es will ihm auch dort nicht glücken.« — »So sage ihm, er soll herkommen und den Käufer um den alten Scheffel bitten, der hinter dem Schornstein steht. Den hat er vergessen, als er umzog.« — »Nein,« sagte der Knecht, »vergessen haben wir ihn nicht, wir wollten ihn nicht mithaben.« — »Ja, aber sage es ihm doch«, antwortete der Nis. Der Knecht erzählte seinem Bauern, was der Nis gesagt hatte, und der Bauer ging hin und bat um den alten Scheffel. »Ja, den kannst du gerne mitnehmen,« sagte der Käufer, »wir gebrauchen ihn doch nicht, wir haben einen neuen.« Als der Bauer nach Hause kam, fiel der alte Scheffel, als er ihn hinsetzen wollte, auseinander, und es rollten eine Menge Geldstücke auf den Fußboden. Der Scheffel hatte nämlich einen doppelten Boden gehabt, und dazwischen hatte das Geld gelegen. Es war so viel, daß der Bauer seinen Hof zurückkaufen konnte. Er vergaß jetzt nie, Reisgrütze mit Butter für den Nis hinzusetzen. Er streute sogar Zimt und Zucker darüber, und seit der Zeit glückte alles was er sich vornahm.

Inneres eines Hallighauses

Sei mir gegrüßt, mein Lübeck

Emanuel Geibel

Sei mir gegrüßt, mein Lübeck

Nun kehrt zurück die Schwalbe,
der langen Irrfahrt satt —
sei mir gegrüßt, mein Lübeck,
geliebte Vaterstadt!

Wie liegst du vor mir prächtig
im Frühlingssonnenschein,
mit deinen Türmen und Toren
und schlanken Giebelreih'n;

Mit deinen blühenden Wällen
voll Nachtigallensang,
mit deinen Fahnen und Wimpeln
den blauen Fluß entlang.

Und über die Giebel und Wälle
und über den Fluß dahin
wogt festlich das Geläute
der Glocken von Sankt Marien.

So klang's wie Himmelsmahnung
um meine Wiege schon;
erinnerungstrunken lausch ich
dem tiefen Feierton.

Da schmilzt in Frühlingsschauern,
was stürmisch mich bewegt,
wie einst, wenn mir die Mutter
die Hand aufs Haupt gelegt.

Und schöner noch durch Tränen
erblick' ich Fluß und Tal —
o Heimat, süße Heimat,
gegrüßt sei tausendmal!

Eberhard Clemen

Abend in der Stadt am Meer

Vom Uhrenschlag der alten Kathedralen
wird feierlich die Abendstadt gekrönt.
In blauer Stunde hat der Tag den
   schmalen,
Ruhlosen Gassen sanft sich ausgesöhnt.

Gotische Giebel ragen lang ins Licht
Der purpurroten Sonnenuntergänge,
Verlohen glüh, — aus trunkner Fülle
   bricht
Legende schwer und Prunk der Mette-
   sänge.

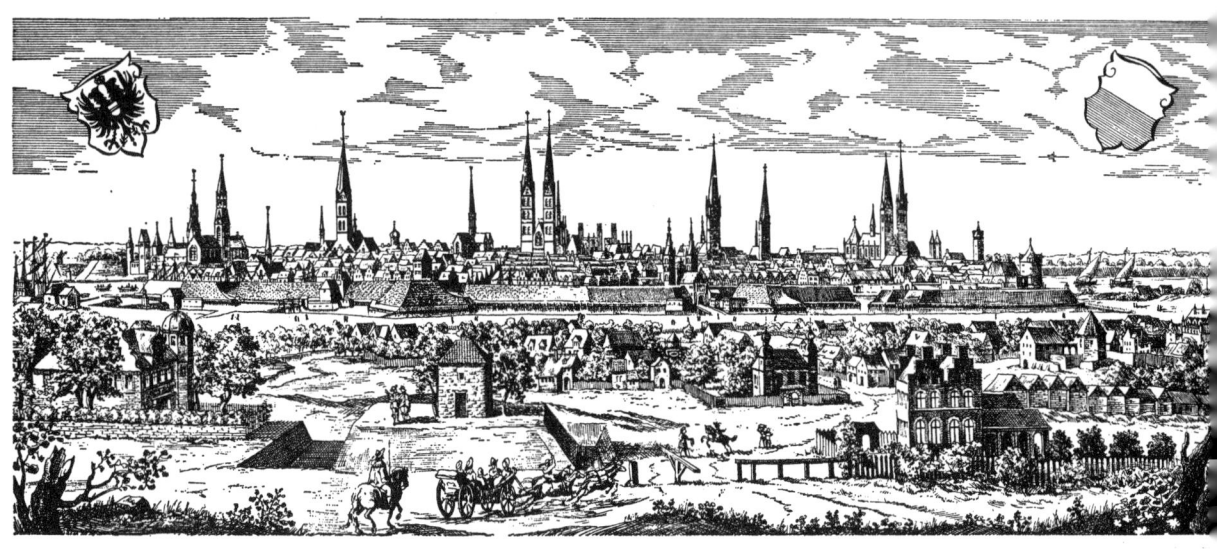

Lübeck 1641, Kupferstich von Matthäus Merian

Herbsthimmel, goldne, über St. Marien
Verwehn zum Meer, — wie Traum die Stunde rinnt,
Bis tief ins Wunder alter Elegien
Ein Glockenspiel die Stadt am Meer verspinnt...

Peter Beuning

Die Walddirne

Glücklicherweise haben die Lübecker schon zu Anfang des 19. Jahrhunderts viel getan, um die alten gotischen Häuser in ihrer Stadt zu verschönern. Das erfahren wir aus dem Bericht eines Reisenden aus dem Jahre 1822:
»Altmodische Giebelhäuser, hoch und schwerfällig, stehen neben geschmackvollen Fassaden. Aber doch ist allmählich des Neueren und Besseren immer mehr geworden, alles heller und freundlicher als es früher war. Wo das Alte seiner Festigkeit wegen auch nicht ganz verworfen ward, suchte man es doch fast allgemein in einzelnen Teilen zu verschönern. Und was die Gegenwart errichtete, das ist geschmackvoller und vereint Dauer mit Bequemlichkeit.«
In der Zeit des deutschen Klassizismus, für den die klassische griechische Kunst Vorbild und Maßstab aller Kunst

schlechthin war, mußte die »geschmackliche Unform« der norddeutschen Backsteingotik als barbarischer Greuel erscheinen.
Vielleicht am deutlichsten wird das in einem Bericht aus dem Jahre 1801 von Merkel:
»Jugend allein macht nicht liebenswert; Alter nicht allein ehrwürdig. Wenigstens für die letzte Hälfte dieses Satzes finde ich seit zwei Tagen unaufhörlich neue Beweise. Ich habe diese Zeit dazu angewandt, mich von einem Freunde in der Stadt herumführen und das Merkwürdige in derselben zeigen zu lassen. Es fing mit den Denkmälern an. In jeder Gasse fast wußte er mir ein paar nachzuweisen; jede Kirche enthielt etwas, das an einen wichtigen Vorgang erinnerte; man zeigte mir öffentliche Gebäude, die einst die wichtigsten Plätze des europäischen Nordens waren: aber wie so verschieden ist der Eindruck von demjenigen, den man vor den unbedeutendsten Ruinen Italiens und Griechenlands empfinden mag. In diesen Ländern drückte hoher Genius und reifer Kunstsinn allem sein göttliches Gepräge auf, und nach Jahrtausenden beugt sich jeder, der Geist genug besitzt, Geist zu verstehen, vor der Erhabenheit und dem Adel, die auch aus den Trümmern noch so blendend hervorstrahlen.
Hier unter dem Druck des starren Klimas blieb die Kunst eine Walddirne, und das Beste, was sie den Urenkeln aufstellte, erregt durch die jämmerliche Kleinlichkeit und durch die gotische, geschmacklose Unform verachtendes Lächeln.
Mein Freund führte mich in den Kirchen umher. Fast alle sind mit unendlichem Schnitzelwerke und mit meistenteils läppischen und schlechten Gemälden überladene gotische Höhlen. Die größten Merkwürdigkeiten, auf die man mich aufmerksam machen konnte, waren marmorne Särge, eine Uhr, deren Zifferblatt die Sonne vorstellt, Augen hat, die sich mit jedem Perpendikelschlag bewegen, und die so mit Zeigern überladen ist, daß man vor den angezeigten Sonnenfinsternissen, Mondvierteln usw. nicht erkennen kann, welche Stunde es sei... Lübeck ist das am reichsten garnierte Antikenkabinett Deutschlands, aber wer sich den Geschmack an deutschen Altertümern nicht ganz verderben will, suche sie hier nicht auf.«

Carl Jacob Burckhardt

Musikstadt Lübeck

Die Stimme dieser ehrwürdigen Stadt lebt in der deutschen Musik. Höre darauf hin und Du wirst die Symphonie der Hansa vernehmen, die Symphonie, die Ost und West verband, jenes große, herrlich eingespielte, rhythmisch hinreißende und schöpferische Zusammenwirken großer, freier städtischer Individuen. Setzt einmal ein Brandenburgisches Konzert ein, wenn Du abends in Deinen Parerga liest, oder erklingt eine Abendmusik des getreuen Organisten der Marienkirche, dann denke ans Holstentor und betrete die nächtliche Stadt. In den Straßen Lübecks ist diese Musik zu Hause.

Peter Beuning

Die lübeckische Sprache

Die Lübecker reden anders als andere Leute. Is scha man klar. Die Lübecker Schriftstellerin Felicitas Rose, die den rührseligen »Heideschulmeister Uwe Karsten« erfand, schrieb auch den einst erfolgreichen und inzwischen vergessenen Lübecker Kaufmanns- und Familienroman »Meerkönigs Haus«. Von der Hansestadt ist in diesem Buch nicht viel zu spüren. Bloß gelegentlich sprachlich. Wenn zum Beispiel der schöne lübeckische Ausdruck »bei kleinem« auftaucht. »Bei kleinem« ist ein Zeitbegriff. »Bei kleinem« sollte einer endlich mal heiraten, seine Lehre beenden, seine Rechnung bezahlen. »Bei kleinem« bedeutet, daß etwas nicht mehr lange dauern dürfte.

Auch an anderer Stelle trifft Felicitas Rose die lübeckische Sprache recht gut. Der kleine Jürgen Karsten, dessen Sinn danach steht, einmal zur Marine zu gehen, spielt mit seiner älteren Schwester »Seefahrt«. Er sagt: »Klar bei die Leinen, Klüverfall! Jungs, verdammte, tüffelt nich so!« Darauf seine Schwester: »Jürgen, Jürgen, was für 'ne Sprache, oha noch mal zu, das sollte Mutter Reymers hören!«

»Ob Mutter Reymers das hürt, is mich eingal, aber komm man jetzt, Inge, ich hab warraftch Hunger gekriegt.«

»Bei kleinem« scheint es an der Zeit, bei der lübeckischen Sprache etwas über ihre Grammatik zu sagen. Sie ist recht »gediegen«. »Gediegen« bedeutet im lübeckischen Sinne nicht wie im allgemeinen Sprachgebrauch so viel wie »solide«, oder »gut und verläßlich gearbeitet«, sondern es heißt soviel wie »sehr seltsam«, »sehr merkwürdig«.

»Gediegen« beschreibt die äußerste Grenze an Emotion und Leidenschaftlichkeit, die einem Lübecker zur Verfügung stehen.

Ein Lübecker kommt nach einem ausgiebigen Ratskellerbesuch nach Hause. Er versucht den Schlüssel in das Schloß seiner Haustür zu bringen. Es gelingt nicht, wahrscheinlich, weil er vor dem falschen Haus steht. Was wird er sagen? »Is scha gediegen.«

Ein Lübecker kommt überraschend von einer Reise nach Hause zurück. Er ertappt seine Frau in flagranti mit einem anderen Mann. Was wird er sagen? »Is scha sehr gediegen.«

Gediegen war für Thomas und Heinrich Mann durchaus Schriftsprache. In seinem großen Romanepos »Joseph und seine Brüder« schreibt Thomas Mann von einem Zwerg als von »einem gediegenen kleinen Mann«. In demselben Werk finden wir auch das schöne lübeckische Wort »klaterig«. »Noch ein büschen klaterig« ist beispielsweise jemand, der gerade von einer Krankheit genesen ist.

Die lübeckische Grammatik kann man nicht in Regeln fassen oder erläutern. Dazu ist sie zu kompliziert. So sehr zum Beispiel der Lübecker sonst das Verkürzen und Verschleifen liebt, so sehr neigt er andererseits zu umständlichen Bildungen mit »tun« als Hilfsverb.

Es gab in der Hansestadt vor einigen Jahrzehnten einen Zigarrenhändler. Wenn zu dem ein Kunde kam und eine bestimmte Sorte verlangte, die der Zigarrenhändler nicht vorrätig hatte, bekam der Kunde — das ist bezeugt — folgende Antwort:

»Haben tu ich keine, aber kriegen kann sein, daß ich nächste Woche welche tu.«

*

Vorbild für »Professor Unrat«?

Man hat in Lübeck oft behauptet, für Heinrich Manns Roman »Professor Unrat« habe es in der Hansestadt ein Vorbild gegeben, den als Original berühmten Professor Bernhard Eschenburg, Lehrer an Lübecks alter Gelehrtenschule, dem Katharineum. Aber das trifft nur sehr bedingt zu, nur insoweit nämlich, als auch Professor Unrat in seiner Art ein Original ist. Das Aufsatzthema, das Professor Unrat seinen Schülern stellt, könnte auch Professor Eschenburg ihnen gestellt haben. Oder aber: diese Geschichte in Heinrich Manns Roman ist die Umwandlung einer Eschenburg-Anekdote.

Professor Unrat schreibt an die Tafel einen Satz aus dem 10. Auftritt des ersten Aufzugs der Schillerschen »Jungfrau von Orleans«. Johanna sagt:

»Es waren drei Gebete, die du tatst;
Gib wohl acht, Dauphin, ob ich sie dir nenne!«

Und danach stellt Unrat das Aufsatzthema: Das dritte Gebet des Dauphins.

Das ist eine ziemlich üble Falle. Denn dieses dritte Gebet wird bei Schiller nie genannt. Der Dauphin sagt, nachdem Johanna ihm zwei seiner Gebete genannt hat:

»Genug! Ich glaube dir! So viel vermag kein Mensch! Dich hat der höchste Gott gesendet.«

Aber Unrat läßt seine Primaner wacker über des Dauphins drittes Gebet rätseln. Und nun — zum Vergleich — die Anekdote von Professor Eschenburg: Er pflegte im Religionsunterricht die Frage zu stellen: »Güngen die Jünger Jösus röchts oder lünks um den Sö Genezareth?«
Auch seine Primaner überlegten angestrengt, welcher Weg wohl der Sonne abgewandt war, wo die Jünger Wasser fanden oder wo Dörfer lagen. Bis Professor Eschenburg schließlich erklärte: »Üch wüll es Ühnen sagen. Wür mössen uns bescheiden. Wür wüssen es nücht.«
Dann folgte Eschenburgs zweite Frage: »Warum aber güngen die Jünger Jösus, warum fuhren oder rütten sü nicht?«
Nachdem man wieder lange geraten hatte, sagte Professor Eschenburg: »Üch wüll es Ühnen sagen. Sie taten es man so.«

Thomas Mann

Der Lübecker Marzipan

Will nun einer an mir sein Mütchen kühlen und mir eins auswischen, so kann ich mit Sicherheit darauf rechnen, daß meine Lübecker Herkunft und der Lübecker Marzipan aufs Tapet kommt: fällt einem gar nichts ein, so fällt ihm doch im Zusammenhang mit mir der komische Marzipan ein, und ich werde als Lübecker Marzipanbäcker hingestellt, was man dann literarische Satire nennt. Sie tut mir aber gar nicht weh; denn was Lübeck betrifft, so muß man irgendwoher ja sein, weshalb Lübeck eine lächerlichere Herkunft sein sollte als eine andere — ich rechne es sogar zu den besseren Herkünften. Durch den Marzipan aber kann ich mich nun schon gar nicht gekränkt fühlen, denn erstens ist er eine sehr wohlschmeckende Substanz und zweitens eine nichts weniger als triviale, sondern geradezu merkwürdige und, wie ich sagte, geheimnisvolle. Marci-pan, das heißt ja offenbar, oder wenigstens nach meiner Theorie, panis Marci, Brot des Markus, der der Schutzheilige von Venedig ist. Und sieht man sich diese Süßigkeit genauer an, diese Mischung aus Mandeln und Rosenwasser und Zucker, so drängt sich die Vermutung auf, daß da der Orient im Spiele ist, daß man ein Haremskonfekt vor sich hat und daß wahrscheinlich das Rezept zu dieser üppigen Magenbelastung aus dem Morgenlande über Venedig nach Lübeck an irgendeinen alten Herrn Niederegger gekommen ist.

Adelbert Graf Baudissin

Der goldene Kamm im Haar

Ich hatte schon von den ersten Klängen der musikalischen Abendunterhaltung vollständig zur Genüge und benutzte meine Zeit, indem ich Toiletten und Patrizier-Physiognomien studierte. Es waren viele Hermelin- und Zobelpelze zugegen, aber auch viele schöne Augen und reizende Blumengesichter — weit mehr, als man in Lübeck hätte vermuten können. Gerade unter meiner Loge saß eine Blondine mit einem goldenen Kamme im Haar und zwei großen blauen Augen, die schwermütig im Saale umherschweiften — und es hätte nicht viel gefehlt, daß ich zu ihr hinabgeeilt und sie als die Immergeliebte, Längstverlorene, Endlichgefundene an mein Herz gedrückt hätte — und Gott weiß, was ich gethan hätte, wenn nicht plötzlich, wie auf ein gegebenes Signal, der ganze schöne Damenflor sich empfohlen und mich in meiner Loge allein gelassen hätte...

Trotz Spießbürgern, Senatoren und Ratsherren ist Lübeck eine Stadt, in der ich mich sehr wohl niederlassen könnte. Es hat Alles einen antediluvianischen, gemüthlichen Anstrich, und ein Spaziergang durch die Straßen ist im Grunde genommen nichts anderes, als ein mit gymnastischen Bewegungen verbundenes Studium der Geschichte, oder ein mit Regenschirm und Gummischuhen verknüpftes Blättern in einem alten Bilderbuche.

Garlieb Merkel

Die lübeckischen Schönen

In der Tat habe ich fast nirgends so viele reizende, liebenswürdige Weiber und Mädchen gesehen. Die lübeckischen Schönen haben im allgemeinen blonden Teint und blondes Haar, blaue Augen, einen vollen, üppigen Körperbau, kurz, die Vorzüge der nordischen Weiber. Die Mädchen aus dem Volke sind hochgewachsen, derb und keck in Gang und Sprache, und ihr knapper Anzug sowie ihr eigenthümlicher Kopfputz, die bekannte Tellermütze, geben ihnen, was man hier ein dralles Ansehen nennt.

Peter Beuning

Kleines lübeckisches Lexikon

Och, da nich für, sagt man in Lübeck, wenn man bescheiden einen Dank abwehrt. Übersetzt also: »Ich bitte Sie, dafür brauchen Sie sich doch nicht zu bedanken.«

Feuel oder *Feudel, Leuwagen* oder *Handeule* sind Reinigungsgeräte, nämlich Putzlappen, Schrubber und Aufnehmer.
Beiern ist das Läuten einer Glocke, nicht zu verwechseln mit *Bleiern,* was sowohl wackeln bedeutet (er bleiert auf dem Fahrrad) wie das Werfen flacher Sprungsteine über eine Wasserfläche.
Hün und *Perdün* ist alle Habe. Er kam mit Hün und Perdün angereist.
Wer Geld *verfumfeit,* verschwendet es.
Balbutsch heißt der Friseur, *Bückel* der Bückling und *Mösch* der Waldmeister.
Wer abmagern will, sagt in Lübeck: Ich muß was gegen meine *Dickde* tun.
Etwas Unreines, Unappetitliches ist *unnasch.*
Unverschämt heißt *ausverschämt,* wütend heißt *fünsch.*
Auf gefrorener Straße entlangschliddern heißt *schleistern.*
Eine Murmel oder Marmel ist ein *Picker.*
Eine *Balge* oder *Balje* ist ein Waschgefäß.
Bülgen sind Wellen.
Ein *Düker* ist eine versenkte Wasserröhre. In Lübeck ist es die offizielle Bezeichnung für den unterirdischen Durchfluß der Wakenitz zum Elbe-Lübeck-Kanal.
Ein *Pumpesel* ist ein Rohrkolben.
Umändern heißt *umkatern* und ist natürlich aus umkalfatern gebildet. Hier zeigt sich die Neigung des Lübeckers zum »Verschleifen«. Schönstes Beispiel dafür ist jene Straße, in der einst Fuhrleute, Wagenmänner, wohnten. Sie hieß 1259 Waghemansstrate, zweihundert Jahre später Wamestrate und heute Wahmstraße.

Joseph von Eichendorff
Die grausigen Fluten

Die Stadt Lübeck trägt durchaus das majestätische düstere Gepräge der Vorzeit. Gegen zehn Uhr des Morgens traten wir auf einer Lehnkutsche die Spazierfahrt nach Travemünde an, die Krone und der höchste Gipfel unserer Reise. Ein anmutiger Weg zwischen Alleen und Gärten führte uns bis an die Trave, wo wir auf einer Fähre, die an Tauen fortgezogen wird, übergesetzt wurden. Von hier aus bemerkten wir schon an allen Umgebungen, daß wir uns in der Nähe des Meeres befanden. Die Gegend senkt sich immer mehr abwärts, wird immer wilder und seltsamer. Kleine Wäldchen von niedrigem Nadelholz strecken sich an langen Sümpfen und Seen hin, und Schiffe von bedeutender Größe segeln auf der Trave, die sich bei Travemünde ins Meer stürzt, auf und ab. Mit der gespanntesten Erwartung sehen wir dem Augenblick entgegen, wo wir das Meer zu Gesicht bekommen würden. Endlich, als wir den Gipfel der letzten Anhöhe vor Travemünde erreicht

Travemünde

hatten, lag plötzlich das ungeheure Ganze vor unseren Augen und überraschte uns so fürchterlich, daß wir alle in unserem Innersten erschraken. Unermeßlich erstreckten sich die grausigen Fluten in unabsehbare Fernen. In schwindlichter Weite verfloß die Riesenwasserfläche mit den Wolken, und Himmel und Wasser schienen ein unendliches Ganzes zu bilden. Im Hintergrund ruhten ungeheure Schiffe, wie an den Wolken aufgehangen. Trunken von dem himmlischen Anblicke erreichten wir endlich Travemünde, ein, fast wie Karlsbad, an der Küste erbautes niedliches Städtchen, welches wegen des dasigen Seebades von Fremden sehr häufig besucht wird...

Das Wasser hat durchaus eine schöne dunkelgrüne Farbe und ist dem ohngeachtet so rein, daß wir bis auf den Grund, diese fürchterliche wilde Unterwelt, die wie ein düsteres Forstgebirge mit Meergras bedeckt ist, hinabschauen konnten.

Jan Herchenröder

Das Holstentor blieb stehen

Es ist bestimmt eine Auszeichnung, in Lübeck zu leben. Aber Lübeck ist mehr noch als eine Stadt, ein Zustand, vielleicht weil es bereits dank Kaiser Friedrich II. im

Jahre 1226 seine Reichsfreiheit erhielt, die zumindest auf dem Papier bis 1937 Bestand hatte. In jenem Jahr machten die braunen Herren Schluß mit der Tradition und gliederten Lübeck in Preußen ein, was ihnen an der Trave nie verziehen wurde. Nach dem Zweiten Weltkrieg wären die Lübecker gern wieder als Stadtstaat selbständig geworden wie Hamburg und Bremen, was jedoch die britische Besatzungsmacht nicht zuließ. Nun wurden die Lübecker Schleswig-Holsteiner, und damit fuhren sie ganz gut, auch wenn es sie wurmt, daß Kiel die Landeshauptstadt wurde.

Lübeck ist ein Zustand, weil es eine Großstadt und zugleich Provinz ist, weltoffen und ein bißchen spießig, herrliche Bauten aus der Gotik und der Renaissance aufweist und dazwischen ein phantasieloses Kaufhaus und stillose Bankgebäude, weil es keine Stadträte hat, sondern Senatoren, und keinen Oberbürgermeister, der ihm der Größe nach zustände, dafür »nur« einen Bürgermeister, ein aus hansischen Tagen übernommenes Understatement, dessen Befugnisse aber nicht denen der als Bürgermeister bezeichneten Ministerpräsidenten in Hamburg und Bremen vergleichbar sind. Zusätzlich leistet sich Lübeck einen Stadtpräsidenten, ein Ehrenamt, das der Repräsentation dient. Das ist ähnlich wie beim Bundespräsidenten: er wird bei offiziellen Anlässen als Erster genannt und hält manchmal eine Eröffnungsansprache. Lübeck hat auch ein Stadtparlament. Das heißt aber nicht Stadtparlament, sondern Bürgerschaft. Wie gesagt, Lübeck ist ein Zustand.

Die Bürgerschaft entscheidet maßgebend über das Wohl und Wehe der Hansestadt Lübeck mit. Das war auch am 5. Juni 1863 der Fall. Seinerzeit hatten Fachleute festgestellt, daß das Holstentor dringend ein neues Dach brauchte. Deshalb beantragte der Senat bei der Bürgerschaft, eine ausreichende Summe zu bewilligen. Die Herren lehnten aber zunächst ab und beantragten umgekehrt, das Holstentor abzureißen! Die Abstimmung erfolgte am 5. Juni. Und wie ging sie aus? Der Abrißantrag wurde mit 42:41, also mit einer Stimme Mehrheit, abgelehnt. Dank dieser einen Stimme blieb das Holstentor erhalten und schmückt seither nicht nur weiterhin die Stadt, sondern auch unsere Fünfzigmarkscheine.

In der jüngeren Geschichte Lübecks leisteten sich die Verantwortlichen gleichfalls fast einen Schildbürgerstreich. Diesmal ging es um die Ehrenbürgerschaft für Thomas Mann. Dem Antrag, Lübecks bedeutendem Sohn diese Würde zu verleihen, wurde mit einer Stimme Mehrheit entsprochen. Er erhielt die Ehrenbürgerschaft am 20. Mai 1955; drei Monate vor seinem Tod.

Ostholstein – ein sagenhaftes Land

Sammlung Christian Jenssen

Was die Ostholsteiner erzählen

Rinroth

Ein Mann hatte einen Sohn, der sprach zu seinem Vater, er wollte in die Welt gehn und sich irgendwo einen Dienst suchen, um sein Glück zu machen. Der Vater gab ihm Erlaubnis, und der Junge ging fort. Nun kam er bald in einen großen Wald, und nachdem er lange darin gewandert war, setzte er sich einmal nieder unter einen großen Baum, um sich auszuruhen und sein Frühstück zu verzehren. Wie er nun so da saß, kamen drei Leute auf ihn zu, die hatten zusammen nur ein Auge, und wer von ihnen das eine Auge trug, der mußte für die beiden andern sehen und sie führen. Da erschrak sich der Junge so vor ihnen, daß er schnell auf den Baum kletterte. Aber die drei kamen heran und setzten sich unter den Baum, wo der Junge gesessen hatte. Da sprach einer zu dem andern: »Was russelt so da immer in dem Baum?« Der zweite sprach: »Ich höre da auch immer was, wir sollten einmal zusehen, was da oben im Baum ist.« Da stieg der, der das Auge hatte, zuerst in den Baum, sah sich um und sprach: »Ich sehe nichts.« Da stieg auch der zweite hinauf, und der erste reichte ihm das Auge hin, und er sah sich um und sagte: »Ich sehe auch nichts.« Nun kam auch noch der dritte herauf, wie aber der eine ihm das Auge hinlangen wollte, griff es ihm der Junge aus der Hand weg, da konnten sie nicht mehr sehen. Nun fingen sie an ihn zu bitten, und der eine sprach: »Wenn du uns unser Auge wiedergibst, so will ich dich ein Gebet lehren, wenn du das hersagst, kann dir niemand eine Bitte abschlagen.« Und der andere sagte: »Ich will dir ein Schiff geben, das segelt zu Wasser und zu Lande, und wenn du es aus der Tasche nimmst und dich hineinsetzt, kannst du dich allerwärts damit hinwünschen.« Und der dritte sprach: »Ich will dir einen Stock geben; wen du damit anrührst, der muß sogleich sterben. Und das sollst du alles sogleich haben, wenn du uns unser Auge wiedergeben willst.« Da sagte der Junge mit Freuden ja, gab ihnen das

Auge wieder, und die drei Leute gaben ihm die drei Kunststücke; der eine lehrte ihn das Gebet, daß niemand ihm eine Bitte verweigern konnte, der andere gab ihm das Schiff, das zu Wasser und zu Lande segelte, und der dritte gab ihm den Stock, der jeden tötete, den er nur damit anrührte. Nun ging der Junge weiter und kam an des Königs Hof. Da ging er zu dem Koch in die Küche und bat ihn, er möchte ihn als Küchenjunge annehmen. Der Koch sagte nein, sie hätten schon einen Küchenjungen; da sagte er nur sein Gebet her, und sie nahmen ihn gleich in Dienst.

Nun war da ein alter Riese, der hatte zwei große Söhne. Da kam eines Tages der älteste Riesensohn zum König und sprach, er sollte ihm seine Tochter zur Frau geben, sonst werde er ihm sein ganzes Königreich ausrauben. Der König versammelte alle seine Minister und fragte sie, was nun zu tun sei und ob nicht einer da wäre, der es mit dem Riesen aufnehmen wollte. Nun war da einer, der hieß Rinroth, der sagte, er wollte wohl mit den Riesen kämpfen, wenn der König ihm seine Tochter zur Frau gebe. Das sagte ihm der König zu, und Rinroth machte sich zum Kampfe fertig. Als aber der Küchenjunge davon hörte, bat er seinen Koch, ob er nicht einmal dahin sollte, er wollte sich gerne alles mit ansehen. Da sagte der Koch: »Du sollst da wohl hin, du hast uns aber Bescheid zu bringen, wie es abläuft.«

Da sagte der Küchenjunge ja, nahm sein Schiff aus der Tasche und segelte über Wasser und Land, bis er zu dem Riesen kam. Da fragte ihn der Riese: »Bist du es, der die Königstochter erlösen will?« »Ja«, sagte der Junge. Da lief der Riese auf ihn zu und wollte ihn totschlagen; aber der Junge sprang beiseite und schlug mit seinem Stock nach dem Riesen, da fiel der sogleich nieder und war tot. Nun ging er hin, nahm sein Messer aus der Tasche und schnitt dem Riesen die Zunge aus und setzte sich dann wieder in sein Schiff und fuhr nach Hause und sagte, daß er nichts gesehen habe. Als nun aber Rinroth bei dem Riesen ankam und ihn tot da liegen fand, schlug er ihm den Kopf ab und nahm den mit in seiner Kutsche nach dem König und sagte, er habe den Riesen totgeschlagen, und der König solle ihm nun seine Tochter geben. Da kam aber gleich der andere Riesensohn an und sagte zum König, sie hätten ihm seinen Bruder totgeschlagen, nun sollte er ihm seine Tochter geben und das halbe Königreich dazu, sonst würde er es ganz ausrauben. Da dachte Rinroth, er hätte den einen Kopf ja schon; er würde den andern auch wohl kriegen, sagte darum zum König, er sollte nur ganz ruhig sein, er wollte auch schon mit diesem Riesen fertig werden, wenn er ihm nur seine Tochter und das halbe Königreich verspräche. Das sagte der König ihm mit Freuden zu. Da bat der Küchenjunge seinen Koch, ob er wieder dahin dürfe, um sich alles mit anzusehen. Der Koch sagte: »Nein, du hast ja vom ersten Mal keinen Bescheid gebracht.« Da sprach der Küchenjunge sein Gebet, und gleich gab ihm der Koch Erlaubnis. Draußen vorm Schloß langte er dann sein Schiff aus der Tasche, setzte sich hinein und fuhr über Wasser und Land zu dem Riesen hinüber. Da sagte der Riese zu ihm: »Bist du es, der die Königstochter und das halbe Königreich erlösen will?« »Ja«, antwortete der Küchenjunge. »Nun, so sollst du hier auf der Stelle sterben«, rief der Riese und schlug mit seiner Stange; aber der Junge sprang beiseite und berührte ihn mit seinem Stock, da fiel er nieder und war tot. Der Junge nahm nun sein Messer aus der Tasche und schnitt ihm die Zunge aus, und als er nach Hause kam, sagte er wieder zu dem Koch, er habe nichts gesehen noch gehört, das sei schon alles vorbei gewesen. Da wollte Rinroth auch hin und mit dem Riesen kämpfen, aber er fand ihn wieder tot da liegen; da hieb er ihm den Kopf ab und nahm den in seiner Kutsche mit nach Hause und sagte, er habe es getan und der König sollte ihm nun seine Tochter geben und das halbe Königreich dazu.

Da aber kam der alte Riese und sprach, seine beiden Söhne seien tot, der König müsse ihm seine Tochter geben und das ganze Königreich dazu, sonst würde er es ihm ganz ausrauben. Rinroth dachte und sagte zum König: »Ich bin schon mit zwei Riesen fertig geworden; Herr König, laßt mich nur hin, wenn Ihr mir nachher Eure Tochter und Euer Königreich geben wollt.« Das versprach ihm der König auch in seiner Not. Da bat der Küchenjunge seinen Koch wieder; aber der sagte: »Nein, du sollst nicht hin, du hast uns von beiden Malen keinen Bescheid gebracht.« Da sagte der Junge sein Gebet, und der Koch sprach: »Ja, diesmal kannst du noch gehn, aber bringst du keinen Bescheid, kommst du nicht wieder weg.« Als der Junge nun draußen war, setzte er sich wieder in sein Schiff und fuhr zu Lande und zu Wasser nach dem Riesen hin. Da sprach der Riese zu ihm: »Bist du das, der meine beiden Söhne totgeschlagen hat und die Prinzessin und das ganze Königreich erlösen will?« »Ja«, sagte der Junge. »Denn sollst du nun auch keinen mehr totmachen«, sprach der Riese. Da antwortete der Junge: »Das wollen wir sehen, wir wollen uns erst noch darum streiten.« Der Riese wollte nun zuschlagen, aber der Junge sprang beiseite und schlug den Riesen mit seinem Stock tot, und darauf nahm er sein Messer heraus und schnitt ihm die Zunge aus dem Hals, zu Hause aber sagte er wieder, er habe nichts gesehen und nichts gehört.

Als Rinroth aber dahin kam, schlug er wieder dem Riesen den Kopf ab und brachte ihn vor den König und sprach, nun habe er alle drei Riesen totgeschlagen, darum sollte der König ihm auch gleich seine Tochter geben und das ganze Königreich dazu. Da wurde der alte König ganz traurig und nachdenklich und sprach: »Laß uns doch erst einmal die Köpfe ein wenig genauer besehen«, und als der König und seine Minister die Köpfe nun besahen, da fanden sie, daß in allen die Zungen fehlten. Sprach der König: »Das ist doch sonderbar, daß die Zunge fehlt, ein jeder Mensch hat doch wohl eine Zunge, wo sind denn diese geblieben?« Rinroth antwortete: »Die Riesen haben keine Zungen.« Da sagten die Minister zu dem König, sie hätten gehört, daß da ein Junge bei seinem Koch wäre, der sei jedes Mal hin gewesen, um zuzusehen; er solle den Jungen doch einmal rufen lassen. Da schickte der König in die Küche hinunter, und der Koch sprach zu dem Jungen: »Wir müssen dich doch erst ein bißchen anders anziehen, du sollst vor den König kommen.« Nun zog ihn der Koch erst ein bißchen anders an; aber die drei Riesenzungen steckte der Junge in die Tasche und ging dann vor den König. Da fragte ihn der König: »Hast du nichts davon gesehen, daß die drei Riesen totgemacht wurden?« »Ja«, antwortete er, »das sah ich mit meinen eigenen Augen.« »Hat Rinroth ihnen dann die Köpfe abgeschlagen?« »Ja, das hat er getan, aber totgeschlagen hat er die Riesen nicht.« »Wer hat das denn getan?« »Das habe ich und kein anderer getan«, sagte der Junge. Da wollte Rinroth auf ihn los und wollte ihm das Leben nehmen, aber der Junge warf die Zungen auf den Tisch und sprach: »Da ist der Beweis; seht zu, ob die Zungen nicht passen«, und die Zungen paßten alle. Da sagten alle Minister, daß er die Riesen müsse erschlagen haben, und der König sprach, daß er sein Tochtermann werden und sein ganzes Königreich haben solle; den Rinroth aber sollten sie an den Galgen hängen. Und so geschah es auch, und darauf gab's eine fröhliche Hochzeit, und der Küchenjunge heiratete die Königstochter und wurde König, und

Soeben Jaer unn enen Dag
fyern se dat Bruetgelag:
Da kreeg ik een paar glasern Scho,
da danz ik op na Hues hento;
da stött ik an en Steen:
Kling! säen myn Scho unn gingen
  vun een.

Der Zauber von Plön

Der Herzog Hans Adolf von Plön ist seinerzeit ein großer Zauberer gewesen. Er hat viele Kriege mitgemacht, aber weil er kugelfest war, ist er immer unverwundet zurückgekommen, und wenn er dennoch in große Gefahr kam, machte er sich unsichtbar. Den Feinden, wenn sie die Überlegenen waren, hat er oft die Augen so verblendet, daß sie ihn und seine Leute nicht erkannten. Ja einmal, als er sich mit den Türken schlug und in Gefahr war zu unterliegen, wußte er sich und seine Leute so täuschend in Bäume zu verwandeln, daß die Feinde sich daran stellten und ihnen die Stiefel voll pißten. In den Kriegen, die Herzog Hans Adolf in kaiserlichen Diensten führte, war Luxemburg einer seiner Hauptgegner. Der verstand auch was von Zauberei und hatte in seinem Übermut dem König von Frankreich versprochen, ihm die kaiserliche Krone auf die Tafel zu setzen. Doch konnte er gegen

Ansicht von Plön, um 1845

Hans Adolf nichts ausrichten; der war ihm in Zauberkünsten weit voraus. Einmal stellte Luxemburg in einem Augenblick ein ganzes Kornfeld hin. Hans Adolf aber ließ gleich ganz viele Vögel kommen, so daß ebenso schnell alles Korn verzehrt war. Ein andermal sagte man Hans Adolf: »Luxemburg macht Mäuse.« »Gut«, war seine Antwort, »so wollen wir Katzen machen.« Da waren die Katzen da, und husch hatten sie alle Mäuse weggefangen. Als es endlich zur Schlacht kam, ließ Luxemburg einen so starken Rauch und Dampf aufsteigen, daß Hans Adolf und seine Leute ihren Feind nicht erkennen konnten. Aber da drehte Hans Adolf den Wind, und aller Rauch wehte den Feinden ins Gesicht; so gewann er einen großen Sieg. Eins seiner Hauptkunststücke im Kriege war immer, blinde Völker herzustellen, die vor den eigentlichen Truppen hergingen, bisweilen wohl niedergeschossen wurden, aber immer wieder aufstanden. Hatte der Feind so Pulver und Blei verschossen, so kam Hans Adolf mit seinen Leuten hervor, und der Sieg war ihm gewiß.

Er hielt sich gerne und oft in Stocksee auf. Wenn er dahin wollte, so fuhr er im Winter und im Sommer mit Pferden und Wagen immer geradewegs über den Plöner See. Ein Bauer aus Stocksee fuhr einmal hinter ihm her. Als beide hinüber waren, fragte der Herzog, in wessen Namen er es getan habe. »In Euer Gnaden Namen«, antwortete der Bauer. »Das ist gut«, sagte der Herzog, »daß du es in meinem Namen getan hast; versuche es nur nicht wieder, es möchte dir sonst schlecht gehen.« Als der Herzog einmal nach Plön zurückkehrte, blieb dem Kutscher seine Peitsche an einem Strauche hängen, wie er in der Dunkelheit meinte. Am andern Morgen aber zeigte ihm der Herzog zu seiner größten Verwunderung die Peitsche oben am Kirchturm; so waren sie also durch die Luft geflogen. Auf einer solchen Fahrt schlug sich auch einmal ein Pferd am Kirchturm ein Hufeisen ab, das lange am Hahn hängenblieb.

Als der Teufel endlich den Herzog holen wollte, bat er sich noch so viel Zeit aus, bis er seine eben niedergekrempelten Stiefel aufgezogen. Der Teufel willigte ein; der Herzog aber zog nun gar nicht die Krempe auf und ließ sich auch, wenn er neue Stiefel kriegte, immer einen niedergekrempt bringen. Eine Zeitlang schützte ihn diese List, endlich holte ihn der Teufel doch auf Ruhleben. Seine Zauberbücher sind an einer Stelle des Plöner Schlosses vermauert.

Der Uklei

Nicht weit von Eutin mitten in einem Buchengehölz liegt ein kleiner See, der Uklei. Sein dunkles Wasser ist immer still und unbewegt, und es sieht alles um ihn her so recht traurig und schwermütig aus. Der See ist nicht immer da gewesen, doch ist es schon lange her, daß er entstanden ist. Oben auf dem Hügel, wo jetzt das Sommerhaus steht, stand früher eine Burg, in der ein junger, schöner, aber wilder Ritter hauste. Er liebte nichts mehr als die Jagd, und jeden Morgen früh begab er sich in den Wald. Da begegnete ihm oft eines armen Bauern Tochter; sie mußte jeden Morgen ihres Vaters Pferde in den Wald auf die Weide treiben. Der Ritter war bald durch ihre Schönheit von heftiger Liebe entzündet; aber das Mädchen wies seine Bitten und seine Geschenke zurück, und auf alle seine Bewerbungen gab sie zur Antwort, daß sie doch nimmer seine Frau werden könnte, da sie nur eines armen Mannes Tochter sei. Und doch hatte das Mädchen auch den schönen Ritter längst liebgewonnen.

Eines Morgens, als er sie wieder mit seinen Bitten und Versprechungen verfolgte, waren sie zu einer Senkung im Walde gekommen, wo eine kleine Kapelle stand. Da führte der Ritter das Mädchen hinein, und vor den Altar tretend sprach er: »Hier vor Gottes Angesicht nehme ich

Der kleine Uklei

dich zu meinem Ehegemahl, und der Himmel soll mich an dieser Stätte vernichten, wenn ich dir nicht treu bleibe und mein Wort halte.« Das Mädchen glaubte seinem Schwur, und an jedem Morgen trafen sie sich nun im Walde. Als das Mädchen aber den Ritter an sein Versprechen erinnerte, vertröstete er sie anfangs, bald blieb er ganz aus und kam nicht wieder. Als sie sich nun verlassen sah, legte sie ein schwarzes Kleid an, grämte sich, wurde krank und starb in kurzer Zeit.

Der Ritter hatte sich unterdes mit einer reichen Gräfin verlobt, und der Hochzeitstag wurde bestimmt. Sie sollten in der kleinen Kapelle im Wald getraut werden. Als der Prediger aber seine Rede gehalten hatte und das Brautpaar eben zusammengeben wollte, da ist der Geist des unglück-

Blick auf Eutin

lichen Mädchens erschienen und hat drohend gegen den Bräutigam den Finger erhoben. Als dieser vor Schrecken umsank, brach plötzlich ein solches Unwetter mit Donner und Regen los, als wenn der Himmel einstürzen wollte. Da ist die Kapelle mit allen, die darin waren, versunken, und der See steht seit der Zeit an dem Ort. Zuweilen bei stillem Wetter gegen Abend klingt noch der Ton des Glöckleins der Kapelle aus dem Wasser herauf.

Die weiße Frau auf dem Sandfeld

In Eutin lebte einst eine reiche aber übermütige Dame, um deren Hand sich alle jungen Leute der Gegend bewarben. Jeden wußte sie durch ihre Reize anzulocken, und jeder glaubte, einmal der glückliche Freier zu sein; dann aber ward er mit Hohn und Spott abgewiesen. Unter den Freiern zeichneten sich besonders zwei Brüder aus, und das Mädchen zog die beiden auch sichtbarlich den übrigen vor. Weil aber beide von gleich heftiger Liebe entbrannt waren und jeder endlich glaubte, nur der andere stünde seinem Glück entgegen, so erwachte die glühendste Eifersucht in ihren Herzen. Einmal trafen sie in einem Gehölze auf der Jagd zusammen, ein böser Geist ergriff sie, und sie erschossen sich gegenseitig. Da hat ihr nun kinderloser Vater das übermütige Mädchen verwünscht, und von Stund an war sie aus ihren Zimmern verschwunden. Wer aber nachts über das Sandfeld zwischen Eutin und Stendorf kommt, dem erscheint sie in langer weißer Kleidung; sie ist noch ganz die schöne, reizende Gestalt wie früher, und mit sehnsüchtigem Blick ladet sie jeden zum Kusse ein. Wer aber sich ihr nähert, vor dem verwandelt sie sich plötzlich, und ein Scheusal von verwestem Ansehen mit feuersprühenden Augen steht vor ihm. Sie wird jedoch so lange auf dem Sandfeld umherirren müssen, bis es endlich einer wagt, sie zu küssen. Ihrem Retter wird sie viel Reichtümer, besonders einen großen silbernen Tisch übergeben.

Ein armer Tagelöhner hat einmal die Erlösung versucht, erschrak aber so dabei, daß er erkrankte und in wenigen Tagen starb. Von einem Doktor in Eutin sagte man früher oft, er habe die Prinzessin geküßt; denn niemand wußte, wie er zu seinem Gelde gekommen sei.

Wie der Schneider seinen Buckel verloren und wiederbekommen hat

In Landkirchen haben einmal ein Schuster und ein Schneider nebeneinander gewohnt, beide sehr arm und der Schneider außerdem krumm und verwachsen; er hatte einen »Verdruß« (Knast) auf dem Buckel.

Einmal kam er nachts nach Hause und ging an der Kirche vorbei. Da hörte er drinnen ein Lärmen und Poltern, daß er neugierig wurde und hinein schaute. Plötzlich aber stand der Satan bei ihm. Er hatte rot glühende Augen, Hörner auf dem Kopf und eine dreizinkige Forke in der Hand. Der sagte zu ihm: »Komm her, Schneider! Du kannst dir etwas verdienen. Wir spielen hier Kegel, und du kannst sie aufsetzen.« Der Schneider hatte es sehr mit der Angst bekommen, konnte aber nicht mehr zurück und ging, an allen Gliedern zitternd, mit. Da sah er, daß die ganze Kirche voll von großen und kleinen Teufeln war, einer noch schrecklicher und grimmiger als der andere. Vor dem Altar standen die Kegel. Die Teufel trudelten mit ihren Kugeln nach ihnen. Der Teufel, der ihn herangeholt hatte, sagte ihm Bescheid, wie er die Kegel aufsetzen und sich verhalten sollte. Und nun ging der Spektakel los. Als der Schneider es richtig begriffen hatte, sah er, daß die Kegelkugeln nicht aus Holz, sondern lauter Totenköpfe waren. Obgleich ihm die Haare zu Berge standen, schwieg er ganz still, raffte sich zusammen und machte seine Arbeit. Als die Glocke eins war, stoben die Teufel plötzlich in alle Winde, und alles war mäuschenstill. Vor dem Altar hatte sich ein großes Loch aufgetan, wo die Totenköpfe hineinfielen. Unten in der Gruft aber sah er eine große Menge verstorbener Menschen, die nach ihren Köpfen griffen und sie wieder aufsetzten. Als sich die Gruft geschlossen hatte, stand der große Teufel, der ihn geholt hatte, bei ihm, lobte ihn wegen seiner guten Arbeit und fragte, was er sich wohl wünsche. Da antwortete der Schneider: Er möchte wohl seinen Verdruß auf dem Buckel los sein, weil ihn die Leute damit zum Narren hielten. Da lachte der Teufel und fragte: »Nichts weiter als das?« und führte ihn hinter den Altar, schlug ihm dreimal auf den Buckel, daß der Schneider ohnmächtig niederfiel und nur noch ein fürchterliches Heulen vernahm. Als er wieder zu sich kam, hatte er einen schweren Sack auf der Schulter. Da nahm er ihn mit und kam vollständig in Schweiß gebadet bei seiner Frau an. Als diese ihn sah, war sie entsetzt und rief: »Mann, wo hast du deinen Verdruß gelassen? Du bist ja grade und schier wie andere Leute.« Er konnte aber vor Aufregung nicht sprechen und legte den Sack auf den Tisch. Und als sie ihn öffneten, sprangen ihnen lauter Gold- und Silbermünzen entgegen, so viele, wie sie in ihrem Leben noch nicht gesehen hatten. Sie versteckten sie in ihrer Kammer unter dem Bett.

Am nächsten Morgen mußte die Frau zum Nachbarn, dem Schuster, hinübergehen, um das »Bierfaß« (Maß) zu leihen und das Geld aufzumessen. Da wurden der Schuster und seine Frau neugierig und schmierten schnell ein wenig Fett auf den Boden des Bierfasses. Als der Schneider und seine Frau das Geld aufgemessen hatten, brachten sie das Maß wieder zum Nachbarn. Sie hatten aber in ihrer Erregung nicht weiter darauf geachtet, daß einige Geldstücke unten am Boden festgeklebt waren. Als das Schusterehepaar diese bemerkte, waren sie sehr verwundert und sagten: »Wie kommen die zu so vielem Geld, daß sie es schon in Scheffeln messen müssen?« So fing die Schustersfrau an, die Schneidersfrau von morgens bis abends mit Fragen zu quälen, bis diese in einer schwachen Stunde das Geheimnis ihres Mannes verriet. Da kam der Schuster zum Schneider hinüber und ging nicht eher wieder fort, bis dieser ihm gesagt hatte, wie er es machen müßte, um auch zu Geld zu gelangen.

So ging der Schuster abends in die Kirche, erlebte auch alles so wie sein Nachbar. Als der Teufel ihn aber nach seinem Wunsch fragte, wünschte sich der Schuster einen großen Sack voll Geld, wie der Schneider ihn bekommen hätte. Da lachte der Teufel, gab ihm hinter dem Altar auch drei Schläge. Aber der Schuster kam statt mit einem Geldsack mit dem Verdruß des Schneiders auf dem Buckel nach Hause. Seine Frau entsetzte sich so, daß sie weglief.

Da bat der Schuster jeden Tag den Schneider, er möge doch mit in die Kirche kommen und den Teufel bitten, alles zurückzunehmen und ihn von dem Verdruß zu erlösen. Der Schneider spürte nicht viel Lust, doch ließ er sich zuletzt aus Mitleid erweichen. So gingen sie in der nächsten Nacht wieder in die Kirche, versteckten sich an zwei Stellen und warteten der Dinge, die da kommen sollten. Die Teufel kamen aus allen Ecken und Löchern. Doch als sie eben mit dem Kegelspiel begonnen hatten, riefen einige: »Hier sind vier Augen zuviel!« Da stoben sie auseinander und suchten die ganze Kirche ab, fanden Schuster und Schneider auch und schleppten sie vor den Oberteufel.

Der schnauzte den Schneider fürchterlich an und sagte: »Wenn du Scherenfixer das Gute nicht vertragen kannst, hast du das!« Dabei schlug er ihm auf den Buckel. Als der Schneider nach Hause kam, fing seine Frau laut an zu schreien: »Du hast ja deinen Verdruß wieder, Mann!« Als sie nach dem Gelde sah, lag in der Ecke nur ein Haufen Katzendreck, der abscheulich stank.

Der Schuster aber kam nicht mehr nach Hause. Einige Tage später fand ihn ein Landkirchener Arbeiter in der »Papenwiese« an einem Baum hängend. In der Nähe aber saß der Teufel und drohte: »Faß ihn nur nicht an! Denn er gehört mir.« Da lief der Arbeiter so schnell er konnte ins Dorf, sagte dem »Prachervogt« Bescheid, und der Schinderknecht mußte den Schuster abschneiden. Er wurde auf dem Kirchhof auf der »Elendseite« eingescharrt. Noch nach langen Jahren hat man den Teufel nachts auf seinem Grab sitzen sehen. Der Platz aber, wo die Kegel gestanden haben und wo sich nachdem die Gruft öffnete, ist noch heute zu sehen. Vor dem Altar befindet sich eine Senkung im Fußboden. Dort ist es gewesen.

Wi snackt platt, friesisch und missingsch

Martha Müller-Grählert

Wo de Ostseewellen...

Wo de Ostseewellen trecken an den Strand
Wo de geele Ginster bleugt in'n Dünensand
Wo de Möwen schriegen grell in't Stormgebrus
dor is mine Heimat, dor bün ik to Hus

Wellen- und Wogenruschen wor min Weegenleed,
un de hogen Dünen sehg'n min Kinnertied,
sehg'n ok min Sehnsucht un min heit Begehr,
in de Welt to fleegen öwer Land un Meer.

Woll het nu dat Lewen dit Verlangen stillt,
hett mi allens gewen, wat min Hart erfüllt.

Allens is verswunden, wat mi quält un dreew,
hew nu Freeden funnen, doch de Sehnsucht bleew.

Sehnsucht na dat lütte, stille Heimatland,
wo de Wellen trecken an den witten Strand,
wo de Möwen schriegen grell in't Stormgebrus,
dor is mine Heimat, dor bün ik to Hus.

(Anmerkung des Herausgebers: Dies ist die ursprüngliche Fassung des Liedes, das die in Zingst, also an der vorpommerschen Küste, 1876 geborene Martha Müller-Grählert gedichtet hat. Sie schrieb es um die Jahrhundertwende aus Sehnsucht nach der Heimat in Japan, wo ihr Mann in Tohuko-Sapporo an einer landwirtschaftlichen Ausbildungsstätte lehrte. Die Musik schrieb der in Zürich lebende Dirigent Simon Krannig. Die bekannte Nordseefassung erhielt das Lied später).

Dat du min Leevsten bist,
dat du wull weest.
Kumm bi de Nacht, kumm bi de Nacht,
segg, wo du heest!

Kumm du um Middernacht,
kumm du Klock een!
Vadder slöpt, Moder slöpt,
ik slaap alleen.

Klopp an de Kamerdör,
fat an de Klink!
Vadder meent, Moder meent,
dat deit de Wind.

Altes Volkslied von der Waterkant

Von Herrn Pastor sin Kauh

Kennt si all dat nije Leed,
nije Leed, nije Leed,
wat dat ganze Dörp all weet,
von Herrn Pastor sin Kauh?
Sing man tau, sing man tau
von Herrn Pastor sin Kauh, ja Kauh
Sing man tau, sing man tau,
von Herrn Pastor sin Kauh

Mudder, wat smeckt de Supp so nett,
Supp so nett, Supp so nett?
Jung, dat kommt von't Nierenfett
von Herrn Pastor sin Kauh
Sing man tau, sing man tau...

Fischfang auf der Ostsee

Un de Köster Dümelank
kreig en Steert as Klockenstrang
von Herrn Pastor sin Kauh
Sing man tau, sing man tau...

Un de olle Stadtkapell
kreig en nijes Trummelfell
von Herrn Pastor sin Kauh
Sing man tau, sing man tau...

Un uns nije Füerweer,
kreig en Pott vull Wagensmeer
von Herrn Pastor sin Kauh
Sing man tau, sing man tau...

Unse nije inglisch Miß,
dei kreig en nijet Zahnjebiß
von Herrn Pastor sin Kauh
Sing man tau, sing man tau...

Sleswig-Holstein, meerümslungen,
hannelt nu mit Ossenzungen
von Herrn Pastor sin Kauh
Sing man tau, sing man tau...

De Seel, de steig en Hewen tau,
dennt wör jo ne Pastorenkauh,
uns Herrn Pastorn sin Kauh
Sing man tau, sing man tau...

*(Um 1850 in Niederdeutschland
entstandenes Volkslied)*

Klaus Groth

Matten Has

Lütt Matten de Has,
de makt sik en Spaß,
de weer bi 't Studeern,
dat Danzen to lehrn,
un danz ganz alleen
op de achtersten Been.

Keem Reinke de Voß
un dach: das en Kost!
Un seggt: Lüttje Matten,
so flink oppe Padden?
Un danzst hier alleen
oppe achtersten Been?

Kumm, lat uns tosam!
Ik kann as de Dam!
De Krei de spelt Fitel,
dann geit dat canditel,
denn geit dat mal schön,
op de achtersten Been!

Lütt Matten gev Pot.
De Voß beet em dot
un sett sik in Schatten,
verspis' de lütt Matten:
de Krei de kreeg een
vun de achtersten Been.

Theodor Storm

Gode Nacht

Över de stillen Straten
Geit klar de Klokkenslag;
God Nacht! Din Hart will slapen,
Un morgen is ok en Dag.

Din Kind liggt in de Weegen,
Un ik bün ok bi di;
Din Sorgen un din Leven
Is allens um un bi.

Noch eenmal lat uns spräken:
Goden Abend, gode Nacht!
De Mand schient ob de Däken,
Uns' Herrgott hölt de Wacht.

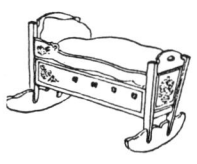

Kinnerriemel

Zuck, zuck, zuck na Möölen,
Reimer op dat Föölen,
Anja op de bunte Koh,
so riet de Beid'n no Möölen to.

*

Mit een Scheffel Weeten,
de Möller sall em geeten,
de Möller sall em mool'n
un Reimer sallt betol'n.

*

As se nu no Möölen köm'n,
we dor nüms to Huus
as de Katt un Muus.
De Katt, de wusch de Schöddeln op,
de Kluckhehn woar dat Kind,
de Fleddermuus, de putz dat Huus,
de Mücken drögen den Dreck herut.
Un all de Jungs un Deerns de danzen:
Hacken un Tön, Hacken un Tön,
hes den lütten Reimer nie seen?

Irmgard Wiegand

Beseuk

Vör acht or negen Joar kreegt wi dree Doog vör Wihnachten Beseuk, de 'n poor Monate bi't Huus bleben wull. He weer noch jung, jüst een Joar harr he up'n Puckel. Sin Öllern weer heel vörnehm, dat wiest sin Stammboom ut. — Bi dit Wöer weet ji, dat wi dat mit'n Hund to doon hebbt, mit'n Drahthaarterrier.
Sin Herr schrift wat vun »geht nicht auf Möbel, macht keine Arbeit, hält sich am

Haus auf« — allens ne wohr! Wokeen vun uns verleert denn jümmer witte, kringelige Hoor up'n dunkelblauen Sessel in de Bibliothek? Vun wo stammt de warme Placken up't Sofa, wenn wi na Huus kamen un keen Sünn dorup schien harr? Ick heff dor bannig denselben lütt Kerl in Verdacht, de över Stünn afhaut, up Karnickeljagd dörch de groten Goarns löpt, de sick an Strand in gammeligen Fisch wälzen deiht or mit riesige Sneekluten an de Been un unnert Muul mit een Mol wedder vor de Dörr sitt mit heel truschullige Ogen!

Dat leegste wör, dat wi ne wussen, dat de Hund 'n richtigen Ticker harr gegen all, wat mit Tauwark to dohn hett: de Schnur vun Plättisen or vun Haarföhn, 'n Tau, wo een för'n Paket bruukt or in Goarn fastmokt to'n Wäschedreugen: he fung an to hecheln, suust as unklok in't Huus rum un seukt no sin Elefant-Speeltüch, dat he sick denn mit veel R-R-R üm de Uhrn sleit.

Nu käm de Obend vun 23. Dezember, un wi wulln uns Dannenbohm in de Stuv holen. Den irsten hebbt se uns tosom mit 'n scheunen höltern Putt klaut, un de niege weur een beten grötter. »'n beten« — nee — de Tangens weer *so* breed, dat wi den Boom up keen Ort un Wies dorch de Terrassendör trecken kunn. Wat schult wi moken? He blifft buten un de scheun Bienenwachslichter in ehr Pappschachtel.

Afschonst wi dat ne lieden mögt, kreeg wi de elektrischen Kerzen her, de vor veele Johr heel unordentlich verstaut würn. Denn verseukt wi een Licht no'n anner ut dat total vertüdelte Plastiktauwark ruttotrecken. Un wat mokt de Hund? He suust mang uns Been dör, haut mit sin halben Elefant no links un rechts, verhedder sik in dat Lichtertau, een Licht geiht up'n Teppich to Bruch. As he vör Upregung noch'n Stück vun sin Elefant afbiten harr, keem de Gummiring an de Reeg. Ran an uns Schienbeen, rup up dat vermaledeite Tau!

Min Mann kreeg all'n verdächtig rooden Kopp, langt na de »Lübecker Nachrichten« un will den Hund dormit verwichsen. Mi rünn de Sweet 'n Puckel rünner, ick feul dat hüt no, as wenn dat güstern wesen weur.

As wi denn so Stücker tein utn'een klamüstert harrn, dor wull de Hund sick wohl rächen wegen den Klaps mit dat Blatt, un he hau uns nu mit sin groten Büffelknoken an de Been. — Ick weet nich, wat ick mi vör Upregung verhört heff, ober ick erinner mi an Wöer as »ole Töhle«. Denn gung wi na de Terrasse rut un verseukt de poor Lichter, de wi rutpuhlt harrn, fasttomoken, wat bi den aasigen Ostwind un de klammen Finger gor nich so gau güng.

Tofällig kiek ick dorch dat grote Finster in de Stub rin un kunn vör Schreck nix seggen: up uns jüst mit geelen Samt betrocken Schaukelstohl, wo keen vun de Kinner mit natte or schietige Stebeln up turnen dörf, sitt uns Terrier, sebert een Druppen no den annern un bringt den Stohl just so wiet to'n Schaukeln, dat de mit sin Rüchdeel an de Bloompütt up de Finsterbank haut!

Slecht Gewissen harr he dor bestimmt nich bi; mi ducht, he smustergrient so'n beten, jüst as sick dat för'n ingelschen Adligen gehört.

Ut mien Kinnertied

Vertellt vun Silke Sievers

Ik bün opwussen in een ganz lütt Buerndörp in Ostholsteen. Mien Vadder, dat weer de Dörpschoolmeister un mien Mudder, jo dat weer eenfach uns Mudder, denn wie weern söß Kinner to Huus, fief Deerns un een Jung. Dor weer een Mudder nu ebenso wichtig as een Vadder. Wenn de Vadder ok de Dolers in't Huus bröcht, so kunn dor ok no dormalige Tieden keen vun leben, de Mudder müß ebensoveel dorto verdeenen. Dat weer nich as in hütige Tieden, wo so manch een Mudder eer'n eegen Job het, nee uns Mudder verdeen eer'n Deel in't Huus, in'n Stall un in'n Gorden. Denn much dat grod so angahn, wi weern mit Veelen jo Sülbsversorger.

Dor wör een Swien grotmakt, vun dat, wat in de Kök un in'n Gorden över weer, dor weern twee Zeegen, dat wie uns eegen Melk un Botter harn. Dor weer de Gorden sülbs mit allen, wat wi över dat Joahr an Gröntüch un Obst bruken dünn. Inmakt warn müß datt all un toers mal plückt un putzt warn. Dor weer de Stall mit de Höhner, Aanten un Gös, dat Immenschuur mit de Immen, de bröchen all ersmal eern Deel Arbeit un Möch, un denn ers Eier un Honnig vör uns, un wat över weer ton Tuschen.

In't Huus wör neiht, knüddelt un knüttelt, wuschen un plätt, bakt un kokt, allens wör sülbs makt, un wenn dat ok keen Dolers inbringen dünn, so wörn dorvör awer ok keen utgeben.

Denn weern dor noch son Dutzend Buerstän, rech ünnerschedlich grod, mit de Buern, eer Frunslüd un meestendeels 'n ganzen Huupen Kinner. Dat weer nu ok rech verschieden, woveel Lüd so'n Buerstäd har un woveel Veh, dor geev dat een Schweizer, een Peer- un een Swienvagt, Knecht un Kökschen. De woanen denn all in de lütten Koaten, de to de Höf gehörn. Een Krog un een Kröger harn wi ok, un sien Fruu, de har meis son lütten Kroamladen darbie, wo wi Mehl, Solt, Zucker un Buntjes kriegen kunn un denn weer dat ok al tämlich allens.

Eenmal in de Week kem een Brodwoagen mit Peer dorvör in't Dörp un bröch

Swattbrod un Semmeln un Sünnabends sogor de Slachter ut övernächste Dörp, dat dat an Sündag ok mal frisch Fleesch geben kun, över de Week harn wi jo unsen Schinken un dat Pökelfleesch, un al Doag Fleesch op'n Disch keen wi ok nich. Noher köm noch een Melkmann mit'n ool Dreirad un een Anhänger, de verköff uns Botter un Kees.

Eenmal in't Joahr köm de Preester un hol Biebelstünn af in de Schoolklass. Bi de Gelegenheit wörn denn gliks noch dree oder veer Kinner döft, de över dat Joahr in't Dörp geborn'n worn weern. Mien öllere Swester is em eenmol ünner den Talar kropen, so wull mal nokieken, wat de Preester ok een Büx anhar.

All düsse Lüd kenn ik nu von kleen op an, to jeden in't Dörp säh ik du un to so manche Buernslüd säh ik »Unkel Heine un Tante Ella«. Un mit se allen snak ik platt, denn wat anners kenn ik nich. As nu de Tied ran köm, dat ik no School henschull, schicken se mi ers mal wedder no Huus, denn ik weer so kümmerlich wussen, dat ik nich op de lüttste Schoolbank kieken kunn. So löp ik denn mit min jüngeren Swestern un mien Broder noch een Joahr to Huus rüm. De Schoolklass weer an't End vun uns Schoolhuus un wenn dat

Fröjoahr keem und de Sünn schien, denn stünn de Finster oapen un ik seet dorünner un hört to, wat doar in de Klass vör sik güng. Dorbi wunner ik mi denn ok, wat mien Vadder mit de Schoolkinner so ganz anners snacken dünn, as mit uns to Huus. Bi dat Wunnern bleev dat över eersmal.

In de Tied keemen bi uns de eersten Flüchtlinge an, mit'n Planwoagen un Peer de Eersten, mit' Handwoagen un to Food de annern. De Schoolklass wor ütrümt, Stroh wor bröcht vun de Buern un dor kreech jedereen 'n lütt Eck vör sik un sien Lüd. De Schoolklass har een Dör na unsen Flur un so weer dat je keen Wunner, dat wie Görn, wann ümmer dat angüng, bi de Lüd in de Klass togang weern. Wat de all vertelln kun'n! Awer mit de Verständigung weer dat man wat slech. So frag ik denn een Dag mien Vadder, wat de Lüd so komisch snacken deen, dat ik Möch har, dor wat vun to verstoan. Mien Vadder, de schütkop un meen dorto, nich de Lüd snacken komisch, sünnern ik. De snacken hochdütsch un ik man platt un wenn ik no School henköm, sull ik dat noch leern'n.

De Flüchtlinge wörn umquarteert in den Kröger sien Soal un in de groten Schüns vun de Buern un de School sull nu losgoan.

Morgens seeten wi all tohop in uns Kök bit Fröstück un mien Vadder snak wi ümmer mit uns. Denn wor de Klock ach un wi güngen över den Flur in de Schoolklass. (Op düsse Ort sünd wi ni to lat koamen). Dor kenn ik mien eegen Vadder nich wer, denn op eenmal snakt he hochdütsch mit de Kinner un mit mi ok! He weer mi so frümd, dat dat keen'n wunnert, dat ik glatt »Herr Sievers« to em sengen dünn anstatt Papa.

Na un na hev ik denn hochdütsch leernt un na un na wör mien Welt ok gröter. Ik keem mal mit to Stadt, toers blots, wenn ik no'n Dokter müß oder no'n Teendokter, ers achter bi mien Vadder op Rad, noher mit'n eegen lütt Rad. Un ganz sachte mark ik denn ok, dat ik mit plattdütsch nich överall verstoan wör, de Lüd in de Stadt snacken al hochdütsch. Mann, wat hev ik mi wunnert!

Tohuus awer, dor snakt wi bet op den hütigen Dag platt un wenn mien Swestern hüt ok in Berlin un Stuttgart levt un mien Broder sogor in Amerika, so künnt wi bet op den hütigen Dag blots platt miteenanner snacken, anners weern wi uns hüt noch frümd. In Berlin un Stuttgart un Amerika, soveel is gewiß, wunnert sik dor ok keen över, denn wat wart dor hüt vörn Kauderwelsch snakt, dor is kloar Plattdütsch jo een reine Wohltat gegen.

»He is ja en riken Mann«

Zu dem ziemlich korpulent geratenen Dänenkönig Friedrich VII., der sich gern mit schleswigschen Beamten umgab, kam eine Bäuerin in das Glücksburger Schloß. Vor der Audienz mußte sie längere Zeit warten und als es endlich so weit war, zog sie ihre Holzpantoffeln aus und sagte zu dem Adjutanten: »Passen Se up min Pantöffeln; Se häst ja doch nix anneres to dohn.« Als sie endlich vor dem König stand, rief sie aus: »Mein Gott, wat is he dick!« Der König lachte und fragte nach ihrem Begehr. Es ging um die Befreiung ihres Sohnes vom Militärdienst, und sie drang so lange in den König, daß er, immer noch lachend, nachgab. Er befahl dem Sekretär, weil sie es anders nicht haben wollte, ein entsprechendes Schriftstück auszufertigen. Nachdem es unterschrieben war, zog die Bäuerin ihre Börse und reichte dem König einen Taler mit den Worten: »De Pastor nimmt för alles twee Daler; he is ja en riken Mann und deit it wul för een!«

Graf Adelbert Baudissin

Angelner Platt

Da ich hoffe, daß einer oder der andere meiner Leser mein liebes Angeln besuchen wird, um sich von seinen unübertrefflichen Naturschönheiten zu überzeugen, und da mir daran gelegen sein muß, ihn von vorn herein mit einigen plattdeutschen Ausdrücken bekannt zu machen, will ich diejenigen, die mir gerade einfallen, niederschreiben. Ein Pudding heißt Abenkater (Ofenkater); ein Fremder: Butenminsch (Außenmensch); Wohnstube: Döns; Fremdenstube: Päsel; Frosch: Dreckvagel (Dreckvogel); mein Liebling: Min Hattlamm (Herzlamm); Oberjacke: Kantusch; Jacke: Kascheng; Anzug: Kledasch; die Taille: de Kneep (Kneife); Heimchen: Singeltüt; Eichhörnchen: Katecker (Eichelkatze); Kaffeevisite nach dem Wochenbette: Kehsfoot; und endlich ist Alkawen ein Wandbett, ein Marterinstrument, vor dem ich Jeden auf das Dringendste warnen muß. Besagter Alkawen ist nämlich ein in der Wand angebrachtes, durch verschiebbare Thüren dem Auge verborgenes Bett von höchstens fünf und einem halben Fuß Länge, und dermaßen mit Federbetten, Eiderdunenkissen und reichen Kopfpolstern vollgepfropft, daß es geradezu unmöglich ist, es darin auszuhalten. Ganz abgesehen von der Gefahr, in den Eiderdunen zu ersticken und in dem weichen Unterbett zu versinken, ist das Bett so kurz, daß man sich nicht der Länge nach ausstrecken kann. Aber im Sitzen zu schlafen, ist sicherlich ungesund.

Hans-Heinrich Rottgardt

Klugheit

Von einem Klugen sagte man früher: »He hett wat op'n Böhn!« Oder auch: »He hett in all den Steerns keken!« Ohne Frage beinhalten diese Redewendungen eine gewisse Spur von Anerkennung und Respekt. Studierten Leuten gegenüber sogar Unterwürfigkeit. So sprach man häufig auch nur »vun de dree kloken Lüüd«, wenn der Arzt, der Apotheker und der Rechtsanwalt gemeint waren. Es hieß dann: »Se hebbt mehr Grips in'n lütten Finger as unseen in'n Kopp!«

Daß die Klugheit nach Ansicht unserer Vorväter im Leben viele Vorteile verschafft, besagt die folgende Wendung: »Wenn de Dummen to Stadt kaamt, denn kriegt de Kloken Geld!« Was umgekehrt kaum möglich ist, denn es hieß: »De Hund is keen Narr, he lett sik nich bieten vun't Schaap!« Wobei der Hund die Klugheit, das Schaf die Dummheit verkörpert.

Nach früher vorherrschenden Meinungen war die Klugheit angeboren. Allerdings wird mancher Vater die nun folgende Redewendung wenig schmeichelhaft empfunden haben; sie hieß: »De Kinner arvt de Klookheit vun de Moder und de Maneern vun den Vadder!«

Auch Lebenserfahrung und zunehmendes Alter konnten nach Meinung unserer Vorfahren diesen Vorsprung, den andere von Geburt ab mitbekommen hatten, nicht gänzlich wettmachen. Resignierend hieß es darum vielfach: »Man ward to gau oolt un to laat klook!« Oder noch direkter: »Vun'n olen Esel kann man nix mehr vermoodt we'n!« Daß die Klugen darum auch nur stets dünn gesät sind, besagt der folgende Ausspruch: »Wenn de Dummen keen Brot eten, so weer dat Koorn billig!« Allerdings ist alles im Leben relativ, auch die Klugheit. Dies wissend, sagte man früher, was für manches Ohr tröstlich erscheinen mag, auch: »Dar is nie nich een Dööskopp to dumm, he findt doch en, de em för klook höllt!«

*

Das Alter

»Eerst jung, denn oolt, eerst hitt, denn koolt!« Mag dieser Satz bei sinngemäßer Übersetzung ins Hochdeutsche auch etwas pietätlos erscheinen, so muß man sich vergegenwärtigen, daß die niederdeutsche Sprache nicht die Beweglichkeit des Ausdrucks und die glänzende Fassade des Wortgebäudes kennt. Der Niederdeutsche redet und spricht aus seinem Empfinden heraus — so, wie er fühlt und denkt. Er, der vielfach in ländlichen Gegenden wohnte und tagtäglich das Werden und

Vergehen in der Natur vor Augen hatte, fand sich leichter mit Alter und Tod ab. In vielen Redewendungen kommt es zum Ausdruck; oftmals sogar spöttelnd über die eigene Altersgebrechlichkeit:
»Nu is man nücksch un gries, man bloot nich klook un wies!« Oder: »As ik jung weer, do summ ik — nu ik oolt bün, do brumm ik!« Der jüngere Mensch verstand diese Altersgebrechen in noch deutlicheren Redewendungen aufzuzeigen. Er sagte von Altersschwachen: »Se hebbt en Knütt in'n Puckel!« Oder: »Se klötert al in de Palen!«
Diese Wendungen — so hart sie auch klingen mögen — stellten in keiner Weise eine Ehrfurchtslosigkeit gegenüber dem Alter dar. Im Gegenteil — der Jüngere war sich sehr wohl bewußt, daß die Erfahrung des Alters noch dienlich sein kann: »En olen Fohrnsmann is en goden Wiespahl!«
Allerdings schließt auch das Alter nicht die Torheit aus. Somit hieß es auch: »En ool Buck lüst ok noch mal na en gröön Blatt!« Oder auch: »Ole Hüüs brennt an'n düllsten!« Man war früher der Ansicht, daß der ältere Mann nicht allemal der schlechteste Ehegefährte ist. Manches heiratsfähige junge Mädchen hat schon folgenden Rat zu hören bekommen: »Bäter achter en olen Mann schulen — as mit en jungen Mann hulen!« Also: Besser bei einem älteren Mann gute Tage haben, als bei einem jungen Not leiden müssen. Wobei dann auch die Nachwuchsfrage nicht zu kurz zu kommen braucht. Denn auch hier hieß es lakonisch: »Solang de Orgel noch speelt, solang is de Kark noch nich ut!«

*

Der Bart

»En Keerl ahn Baart is as'n Supp ahn Solt«, sagte man in früheren Zeiten. So meinten auch die Frauen: »Kuß ahn Baart, de smeckt as en Ei ahn Solt!«
Daß selbst das Wort eines Mannes erst gleichsam mit der Größe seines Bartes an Gewicht gewann, geben die folgenden Redewendungen zu verstehen: »He hett en groot Woort un en lütten Baart!« und »Dar is em de Baart nich na wussen!« Er hatte also nicht das Recht, solch große Worte zu führen. Und von einem Grünschnabel, der Stimmbruch hatte, hieß es ironisch: »De Baart is em in'n Hals wussen!«
Dementsprechend fanden auch gute und schlechte Charaktereigenschaften bildhaft im Aussehen des Bartes ihren Niederschlag. Von einem Aufschneider sagte man: »He maakt sik en breeden Baart!« Von einem allzu Stolzen: »He hett sien Baart dick maakt!« Oder: »He hett sik en basigen Baart stahn laten!«
Unehrenhaftes Ansinnen wurde ebenfalls mit Redewendungen, die sich auf den

Bart bezogen, aufgezeigt. Wurde jemand stark umschmeichelt, so hieß es wie im Hochdeutschen: »Se smeert em Honig üm den Baart!« Von einem, der betrogen wurde, sagte man: »Se hebbt em den Baart ahn Seep afnahmen!« Und diente einer lediglich als Versuchskaninchen, so urteilte man wie folgt: »Se wüllt an sien Baart dat Balbeern lehren!«
Vielleicht gab der Bart sogar Auskunft über den Beruf des Trägers. So gab es einen »Schipperbaart« und auch einen »Beamtenbaart«. Und von einem Bauern hieß es scherzhaft: »En goden Buur mutt Kohschiet in'n Baart sitten hebben!«

Christian Jenssen

Stark Hans

Dor weer mal'n Burn, de hatt'n Jungn, de heet Hans. De weer so stark! As he ut de Schol weer un schull Mist afladen, do neem he so'n grot Fark vull, un de Steel brok af, un all dat Gescherr brok he twei. Do sän sin Vadder: »Du müß je egenlich Smid warrn, du büst so stark.« »Ja, da harr ick ok Lust to.« Do bröcht de Vadder em na'n Smid hen. De freu sick, dat he so'n starken Lehrjungn harr — he kunn je örnlich op den Amboß haun. Un he worr jümmer stärker, je öller he worr. Do kemen mennigmal so'n grote Keerls ut dat Dörp, de wulln em denn mal öwer, aber he weer er all öwer.
Un do stünn in de Zeitung, in Rußland, dor weer en Riesen, de harr de Königsdochter weghalt. Un de König harr bekannt geben: de den Riesen öwer warrn, de schull König warrn un sin Dochder to'n Fro hemm. Do sä de Smid to Hans: »Du büst je noch all öwer warrn, schuß du ok ni den Riesen öwer warrn?« »Ja«, sä Hans, »denn kunn ick villicht je noch König warrn. Denn well ick min Vadder mal frogen, ob he dat hemm well.« De Smid sä: »Ick will di ok'n isern Hannstock mak'n.« Do güng he na sin Vadder hen und frög den. De sä: »Minswegen, wenn du dor Lust to hest.« Sin Vadder muß je recht börn op den Hannstock. Hans kunn em aber op den lütten Finger danzen laten. Do packen se em sin Rucksack, un he güng hen na Rußland.
As he en Enn na Rußland rin weer, keem he dörch en Holt, dor weer en Mann, de reet Böm ut de Eer. Do sä Hans: »Du büst aber stark. Hest du ni Lust mit na den König un de Dochder vun den Riesen befreen?« »Ja, denn well ick ok mit.« Do güngen de twei tosam wieder. As se nu al wied na Rußland rin weern, do keem se bi en grot Wader, dor weer en Mann, de trock Scheep an de Kant. Sä Hans ok weller: »Du büst aber stark. Wullt ok ni mit na den König un de Dochder von den Riesen befreen?« Do güng de ok mit. De dree

vertelln sik denn je allerlei. Do dach Hans: de twei hebbt al veel utfreten, de döch ni rech wat, do muß du di vör wohrn.

As se bi den König weern, sän se: »Wi wüllt sehn, dat wi den Riesen öwer warrn un din Dochder befreen.« De König sä: »De den Riesen öwer ward, schall König warrn un min Dochder to'n Fro hemm. Dor in den Barg, dor geiht en Takel hendal. Dor is de Ries mit min Dochder.« Dor güngen se denn je hen, un sä de, de de Böm ut de Eer reeten kunn: »Ick well toiers hendal.« »Minswegen«, sä Hans. Aber as he half hendal weer un seh den groten Riesen, worr he bang un sä: »Treck mi gau we'r in de Höch!« Do keem de anner an de Reeh, aber den güng dat glickso. As Hans denn hendal keem un weer half hendal, do fing de Ries luthals an to lachen, un as he ünner weer, sä he: »Wat wullt du lütt Knirps denn?« Hans weer je ni grot. »Du wullt mi doch ni öwer?« »Dorto bün ick kam«, sä Hans. »Di lütt Keerl kniep ick je so mit min Hann in'n Doot«, sä de Ries. Aber he harr dor ni mit rekt, dat Hans so stark weer un so flink un dat he'n isern Hannstock harr. As de Ries sick bocken de, gev Hans em een mit den isern Hannstock öwer'n Kopp, do sack de Ries tosam, kreeg noch en poor, und do weer de Ries dod. Do keem de Königsdochder un sä: »O wat freu ick mi, dat du den Riesen öwer warrn büst, nu kann ick je weller na min Vadder henkam!« »Ja«, sä Hans, »dat kannst du je, aber de König hett seggt, de den Riesen öwer ward, schall König warrn, un du schust denn je de Königin warrn.« »Ja«, sä se, »ick mag di ok geern lied'n.«

»Denn stieg man in den Takel!« Hans reep: »Nu treck man hoch, de Königsdochder kümmt!« Da trocken se de Königsdochder hoch. As de Takel weller hendal keem, dach Hans: »Wenn se di man ni hendal smieten wüllt — leg man lewer iers en groten Steen rin!« Un richdig: as de Takel bald baben weer, rumms! do smeeten se de Takel hendal. Man god, dat du dor ni rinstegen büst! dach Hans. De twei annern sän to de Königsdochder, se schul seggn: de de Böm ut de Eer reeten kunn, weer den Ries öwer warrn, un se schull er toswörn, dat se dat ken Minschen vertelln de, dat Hans dat west weer, sünst wulln se ehr hendal stöten. As se bi den König ankeem, freu de sick un frög, wokeen den Riesen öwer warrn weer. »Ick«, sä de, de Böm utreeten kunn. »Denn schust du König warrn un min Dochder to'n Fru hemm.« Do kregen se wat to eten un nie Tüch an.

Naher sä de König to sin Dochder: »Freust du di garni, dat du weller hier büst? Du süchs je so truri ut?« »Ja, dat ick weller hier bün, dor freu ick mi to.« »Ja, warüm süchs du denn so truri ut?«

»Dat dörf ick ken Minschen vertelln.«
»Ja«, sä de König, »wenn du dat ken Minschen vertelln schast, denn vertell dat düssen Aben denn mal!« Do stell de König sick achdern Aben, un do sä se: »De is dat garni, de de Böm utreeten kunn. De den Riesen öwer warrn is, dat weer so'n Lütten, de heet Hans. Un den hebbt se vun den Takel hendalsmeeten.« Do sä de König: »Man god, dat ick dat weet! So'n schlichen Keerl könnt wi nich as König bruken. Aber den schall man en Dockter un poor Soldaten hen uns sehn, villich hett he blots Arm un Been broken un levt.«
As se bi den Barg ankeem, sehn se wat. »Büst baben vun de Takel hendalfulln un di fehlt nix?« »Ja, ick harr dor man'n Steen inlegt, ick weer al bangn vör de bei'n.« As se bi den König ankeem, sä de ok: »Wat, büst von baben hendalkam'n, un di fehlt nix?« »Jä«, sä Hans, »ick harr dor man'n Steen inlegt.« Do sä de König: »Du büst klok un du büst stark, nu schast du König warrn. Un de annern twei, de di dor handelsmeeten wulln, wüllt wi in'n düster Lock insparrn.« »Och«, sä de Hans, »se hebbt mi je ok'n beten mitholpen. Gev er man'n beten Geld un lat er to Huus lopen.« »Wenn du dat meens«, sä de König, »denn wüllt wi dat so maken.« Un do worr Hans König, un se hebbt nu herrli un in Freuden levt. Wenn se noch ni utlevt hebbt, denn levt se noch.

Reinhard Bordel
Gonel Knütjen (friesisch)

Wan daaling de dai en maan sin wüf en »ual heks« neemt, so saat hi höe diarmä, wan't huuch kommt, at hood bluat wat üüb rölken — an det leit ham wäler. Uun ualing tidjen oober küd hi sin wüf mä so'n stak snaak feraftag am lif an leewent bring. So skät det üüb a 11. febrewoore 1614, dat BUU WÖÖGENS, en aachteten jongen gast faan Söleraanj, üüb't ting faan St. Laurens apföör dön twaalew riadlidj faan a Waasterhiard treed an likütj fööer alemaans uaren saad, dat GONEL KNÜTJEN faan Dunsem en trool, det het en heks wiar. Jä-was, det wiar jo ei amletjet, hü küd det dach uungung?
Nö, det kaam sodening: üüb en jonknaacht-injem, so begand hi, iar hi faan't apsaten de Wai am tüs wul, kaam ham diar tesk Dunsem an Söleraanj eewen Muursil trii trooler uun a meet, diar so üüb ham tu kiar ging, dat hi ham, am nant üüs bluat sin naagelt leewent tu redin, nian ölern riad wost, üüs pui det äregst trool ens oordeg mä sin knif. An det diar trool, det wiar GONEL KNÜTJEN. Dach det skul noch föl ärger kem, dan iar hi hör bi a büürföögels mälde wul, do hed hat ham mä so'n ongelk kraankels betroolet, dat hi man jüst mä nauer nuad fan a duas ufkimen wiar. Det küd hi, BUU WÖÖGENS, bi god an a wält betjüüg.

Feraftag, det ting begand intresant tu wurden. Natüürelk küd GONEL KNÜTJEN huuch an hileg sweer, dat han nian trool wiar. Natüürelk, man wat nategt det uk al; at lidj wiar ham so of so diaram ianeg: GONEL KNÜTJEN wiar en trool an bleew en trool, an trooler hiae iinuun't ital.

So ging det saag loong hen an wäler an lunegt tuläts üüb't lunsting faan Viborg. An hü det so as, wan hemel an heel bi't skaften ei mänöler iinuun't rianen kem kön, diar skul uk GONEL KNÜTJEN nat faan haa. An so as hat — een guden dai — faan salew ütj a wält gingen.

Gundel Knudsen (hochdeutsch)

Wenn heutzutage ein Mann seine Frau »eine alte Hexe« schimpft, so mag er allenfalls ihren Groll damit erregen — und der wird sich legen. In alten Zeiten aber vermochte er sie mit solchen Worten wahrhaftig vom Leben zum Tode zu befördern. So geschah es am 11. Februar 1614, als der ehrbare Geselle BOH WÖGENS aus dem Dorfe Süderende auf dem Thing zu St. Laurentii vor die zwölf Ratsleute der Westerharde-Föhr trat und für jedermann hörbar die aus Dunsum gebürtige GUNDEL KNUDSEN der Hexerei bezichtigte. Ja, das war schon eine starke Anschuldigung. Wie mochte es nur dazu gekommen sein?

Nun, als er eines Tages, so begann er, sich zu nachtschlafender Zeit anläßlich eines abendlichen Besuches auf seinen Heimweg begab, da traten ihm zwischen Dunsum und Süderende drei Hexen entgegen, welche ihn derart traktierten, daß er sich, um sein nacktes Leben zu retten, keinen anderen Rat wußte, als der ärgsten unter den dreien mehrere Stiche mit seinem Messer zu versetzen. Und diese Hexe, das sei GUNDEL KNUDSEN. Doch sei es noch schlimmer gekommen, denn als er sie darob beim Vogt namhaft machen wollte, hätte sie ihm eine böse Krankheit angezaubert, so daß er nur mit knapper Not dem Tode entronnen sei. Das könne er, BOH WÖGENS, bei Gott bezeugen.

Wahrhaftig, das Thing fing an interessant zu werden. Natürlich schwor die angeklagte GUNDEL KNUDSEN hoch und heilig, sie sei keine Hexe. Natürlich, aber was mochten diese Umstände noch einbringen, denn das Volk hatte schon längst das Urteil gefällt: GUNDEL KNUDSEN war eine Hexe und blieb eine Hexe, und Hexen gehörten nun einmal auf den Scheiterhaufen.

So ging die Sache lange hin und her und landete zu guter Letzt auf dem Landesthing zu Viborg. Nun, wie es sich so verhält, wenn Himmel und Hölle um ihren Vorteil feilschen, das sollte auch für

GUNDEL KNUDSEN von Nutzen sein. Und so ist sie eines Tages von selbst aus dieser Welt gegangen.

Auf missingsch äußern sich nördlich der Elbe manche Menschen, die glauben, sie sprächen hochdeutsch.

(Dirks Paulun)

Jochen Steffen (Kuddl Schnööf)

Vonnen üdologischen Fußball

Asso, Macker, as ich un mein Natalje das Trümmäfeld von uns Stube aufräum taten, da wa je nich das Äägähliche da an, dassa ein paa Gläsers un Bieäbuddels in Dutt gegangen wahn un dassa zwei Stühle in Mors wahn, da komp unsenein je noch über wech, selps wennen Kapitalismus mittenmang vonne Krise sizzen tut un ich as Aabeiterklasse in sie ihr Zentrum in, nee, Macker, das Äägähliche as sochches is scha, daß auch den Fähnsehn innie Grabbel gegangen wa. Un das wa nu das Ägebnis vonnie völkerverbinnende Wirkung vonnen Spoht, indem dassie Bunnesrepublik vonnie sogenannten annän Doitschen, die das einklich gaanich gehm tut, indem dassie unehelich oder illegütüm, as den Gebülleten sacht, ecksüschstiän tun, innen Fußball mit Einznull ein auffen Sack gehusset gekricht hatte. Nu komms du.

Mittie Zeit wird alles heil, blots den Fähnsehn hat sein Teil. Un ich un mein Natalje saßen mittie Trümmers unnie Völkävebinnung damit zu. Es wa ja einklich gannix los, blots drei Kollegen wahn mitgekomm, weil sie vonnie Schwahzahbeit in ein Neubau sons nich gau genuch nach Haus kommen taten, zu das Schpiel vonnie Schpiele, den Kamf vonnie Kämfe, den Kriech vonnie Krieche. Tschä, schwahzahbeiten muß unseein je woll, wi wiß dir sons Hanschen Apel sein Zugriff auffas Pottmaneh vonnas ahbeitende Volk entziehn? Unnas Schpiel gegen die De-De-Err wischa auch gesehn ham, selps wennie Bild das auffas Pepieä schon gewonn hatte. So vewammsen wiä die De-De-Err! Oder so ähnlich.

Übrigens, vewammsen. Dascha einklich kein Schpiehl mehr mit das Fußball. Ischa mehr ne Mischung aus Rasenschach, Billjard mittie Kwanten un vorsezzliche Köhpävelezzung. Is so ähnlich as damalige Zeit, vorn lezzen Kriech, wenn Borussja Gahden gegen Holstein spieln tat. Das warn Klassenkämfe mit annere Mittels. Da wa bei Borussja Heini Stahk bei, du, wenn den den Ball so mit links annehm tat, un denn... abers ischa auch egal.

Asso, es wa gannix los. Wir saßen da, plieäten auffie Scheib un soffen fix Bieä, indem dasses billiger wa as innie Kneipe, un machten »ah« un »ouuh« un »Fui« un bölkten »Flasche«, »Kneifzange«, »Mors«, »Faul«, un »Schiedsrichter Telefon«. Es ischa nix so gemütlich as ein Fußballschpiehl, indem dassu da deine Götters beschimffen kanns. Innie Kirche darfst du das nich, un bei deine Natalje traus dir nich.

Un denn kam das Verhänknis as sochches, indem das alles sich schon auffas schtaatspollitisch un diplomatisch vollwertige Nullnull einstelln tat, as den Spahwassä das Einznull den Strauß sein Macker, den Maier, innie Maschen zirkeln tat. Mann Chottes, wa das ein Stachoi, un ein Aggewahs. Du glaubs da nich an. Un as Fiete Klausen, den ein Kommenissen is un einklich mehr von Mao as von Schtoof un Honnecker halten tut, alle üdologischen Barrjehren bei das Einznull mit ein Salto überwinnete un sachte, dassas ehm an das gesellschaftliche Süschtem liegen tut, da wurde in unse Bude den heilichen Kriech ausgetragn. Und, wie ümmer, auf Kossen un Lassen des kleinen Mannes.

Nu habbich mich für teures Geld ein Fabfähnseher gepump. Ich un mein Natalje wollten Jugoslawien-Doitschland nich vepassen. Abers ohne Gässe. Da is uns den Kassen zu teuä für. Es ennete, assu wohl weiß, Zweinull für uns! Den Tito hat ne runne Milljarde vonnen Schmidt gekriecht. Dafür kanns auch ma veliän. Hat Fiete Klausen nu rech oder nich? Abers die Jugoschlafen sünd Abweichler. Un üdologisch nich stubenrein. Nu komms du.

*

Vonnie Studentenrevolutschon

Öih, Macker! Hassu ma versucht, ein Kleintranspoht für Möbels zu ogganisiän? Nich? Abers ich. Du, ich kann blots sagen, mich un mein Natalje is da einiges bei klah geworn, wassa so los is. As die Studenten sagen, die je ummie Ahbeiterseele ringen tun: Dinge von gesellschafflichen Regelverfranz werden für dir transportabel. Oder so ähnlich. Ich weiß auch nich genau, wassas bedeutet, sünd abers dolle Wöhters. Wenn du das Bewussein vonnie Massens veännern wiss, denn muß du dir woll möchlichs unveständlich auskwetschen. Das schaff denn die nötige Klaheit.

Tschä, asso, Tante Mine ischa nu doot gebliem un sie ihre Nichche Gesine in Unaffen hat'n paa Möbels von sie geähbt. Die wahn bei uns in Kellä un sollten nach Unaffen. Dascha man ein Klacks. Gut hunnät Kilometers. Denk ich. Aber glaubs du, da is vielleich ein Kleintranspohtä zu

kriegen? Un Preise ham die, da kanns gleich Feuäholz aussie Klamotten machen. Abers: Verzweiflunk breitet sich nich aus, holst du dir das Studentenwähk ins Haus. Das sünd die, die heute schon auf ungelähnte Ahbeiters tränieän un dafür studieän.
Ich ruf asso an bei das Studentenwähk. Nach den drütten oder vierten Vesuch krieh ich schon ein vonnie Mackers annie Strippe. Ihn wa fuchbah nett un sacht, dassie das bannich hilt ham. Sie müssen alle Nääsdrüppel lang Goh-un-inntietschen von wegen Streik un so, indem sie das Bannä vonnen Klassenkamff annie Unität entfalten wolln. Nu komms du! Ich sach, daß ich nix entfaltet, sonnän blots Möbels gepack und transpohtiät ham wollte. Klah, ollreiht! Übermorgen neun Uhr. Kleintranspohtä mit zwei Packers bei.
An besachtem Tach as sochchen komp gegen elf Uäh sonn Jichtlink mit seine Freundin an un fracht, wo das Klawiä steht. Wahn bannich nett, die beiden. Ich frach, ob sie die Möbels auffen Ass nach Unaffen schleppn wolln. Sünd hunnät Kilometers. Das wollten sie nich. Sie ham sich enschullicht, weil sie das so hilt ham, indem sie das Bannä vonnen Klassenkampff... un so. Weischa Bescheid.
Düsma hatte ich den Macker vonnas Studentwähk beim drütten Vesuch annie Strippe. Hat sich fuchbah enschullicht, abers sie ham das bannich hilt, indem das Banner...
Nu geht das mohgen gleich los. Muß abers früh sein, achch Uäh, indem sie den Kleintranspohtä mittachs um eins für ne große Kamfaktschon mit offensifen Karaktä brauchen. Ollreiht, achch Uäh, Transpohtä, zwei Packers bei.
Den Fahrer mitten Kleintranspohtä kam schon kurz nach zehn. Ohne Packers bei. Hat sich enschullicht, indem sie das so bannich hilt ham, indem sie das Bannä... un so weitä, un so weitä.
Ich habb denn mit meine vonnie kaptalissiche Profitgiäh ausgelauchten Knochen die Möbels mitgeschlepp. Indem die annern Studenten mit das Bannäentfalten zu kriegen hatten. Mein Natalje hatte den Kollegen 'n paa orntliche Stück Brot gemach. As ihn reinhaute, sach ich, daß mich Studenten, die streiken, vorkomm as wie Rentners, die den Schtaat strafen wolln un da'um sie ihre Rente nich abholn. Er sachte, dassa innen Schpätkaptalismus noch ganz was anners achter stecken tut. Die Großinduschtrie hat auffie Unität schon die Vorderfüße mang. Un da wolln sie auf los. Ich sach, dascha woll richtich. Abers wenn ich mich as Studenten an meine Füße säge, treffe ich je nich unbedink die Vorderfüße vonnie Großinduschtrie.
Das gab ne lange Diskuschon. As den Macker nach Unaffen abbrausen tat, wa

das bald ein Uäh. Da sollte ihn einklich schon bei die Aktschon mit den offensifen Karaktä sein. Denn wa ihn noch nich ma bei Gesine. Nu komms du! Mackers, wenn wiä ma ne Revolutschon brauchen sollten, mit die komp se nich. Da muss du denn, wie bei die Möbels, selbst mit bei.

Jan Herchenröder

Plattdeutsch ist nicht platt

Die Bezeichnung »plattdeutsch« stammt eigentlich aus dem Niederländischen, wo »plat« soviel heißt wie »gewöhnlich, niedrig«. Das ist natürlich unsinnig, denn niederdeutsch, wie man korrekter für diese weitverzweigte Sprache mit ihren Abarten sagen sollte, hatte ihren Höhepunkt im späten Mittelalter, und zwar als Sprache der Deutschen Hanse. Darauf fußen auch das Niederländische und das Flämische, die dann ihre eigenen Formen annahmen. Die Verständigung mit ihnen klappt für jemanden, der das Niedersächsische beherrscht, nach einer kurzen Überbrückung recht gut.
Puristen ärgern sich, wenn man plattdeutsch als eine Mundart bezeichnet, und sie bestehen darauf, daß es sich um eine eigene Sprache handele. Das trifft zu, aber es wäre verfehlt zu leugnen, daß sich auch hier Dialekte entwickelt haben. Wer ein sensibles Ohr für Sprachnuancen hat wie Professor Higgins in Bernard Shaws »Pygmalion«, wird bald heraushören, ob sein Dialog-Partner aus Mecklenburg, Ostholstein, der Schleswiger Gegend, Dithmarschen oder Hamburg stammt. Selbst beim missingsch, einem Dialekt, der völlig aus dem Ruder lief, um es einmal seemännisch auszudrücken, existieren Unterschiede. Charakteristisch ist wohl auch, daß es bis heute keine für das gesamte Niederdeutsche als verbindlich geltende Rechtschreibung gibt. Das kann es auch gar nicht geben, denn manche Unterschiede sind einfach zu groß, was andererseits nicht hindert, daß selbstredend ein Mecklenburger mühelos die Gedichte des Dithmarschers Klaus Groth oder umgekehrt ein Husumer Fritz Reuter versteht.
Es ist noch nicht allzu lange her, daß Menschen, die plattdütsch sprachen, von den Hochdeutschen über die Schulter angesehen wurden, weil man sie, wie es die Niederländer taten, als »gewöhnlich« abtat. Aber inzwischen macht sich eine immer stärker werdende Gegenbewegung bemerkbar. »Plattdütsch leevt«, auch wieder erfreulicherweise in vielen Kirchen, wo der Pastor das Wort Gottes in der nicht mehr geschmähten Sprache verkündet. So geiht denn scha allens kloar.

Itzehoe und Laboe bzw. Itzeho und Labö

Jan Herchenröder

Itzehoe und Laboe

Es hat sich schon lange herumgesprochen, daß die Sprache zuweilen seltsame Wege geht. Das bezieht sich auch, wie schon auf Seite 134 eingehender dargelegt, auf die niederdeutsche Sprache mit ihren vielen Abwandlungen. Die Pommern sprechen etwas anders als die Mecklenburger, ein Lübecker anders als ein Kieler, was von beiden mit einem tiefen Seufzer der Genugtuung quittiert wird, und wer mit kundigem Ohr nach Dithmarschen kommt, wird feststellen, daß dort wiederum ein anderes Platt als Alltagssprache dient als das in der Probstei, einer Landschaft im Kreise Plön. In dieser Probstei nun liegt das Ostseebad Laboe, in dem wir als Kinder immer unsere großen Ferien verbrachten. Man spricht Laboe so aus, wie es gemeinhin erwartet wird, nämlich »Labö«, als ob es einen Umlaut im Wappen trüge. Wie verhält es sich aber mit Itzehoe? Hö, das wird nicht als »Itzehö« bezeichnet, sondern als »Itzeho«. Genau so geht es mit Bad Oldesloe, das gar kein Bad mehr ist im Gegensatz zu Laboe, dafür schreibt es sich auch mit oe, wird aber als »Bad Oldeslo« erwähnt. Es soll schon Süddeutsche gegeben haben, die diese Unterschiede auf Anhieb begriffen, ohne daß man ihnen aber hätte sagen können, woher diese sprachlichen Eigenwilligkeiten kommen. Es gibt natürlich Linguisten, die das wissen — nur, wo sind sie?

Rudolf Krohn

Verflixter Mist

Eine regelmäßige Straßenreinigung wurde (in Itzehoe) erst am 11. Mai 1778 angeordnet, indem bei 3 Mark Strafe befohlen wurde, daß spätestens Mittwochs und Sonnabends früh die Straßen gefegt und Kehrichthaufen zur Abfuhr bereitgehalten werden mußten. Wer ein Schwein, eine Kuh, Gänse und Hühner hielt und außerhalb der Stadt etwas Gemüseland hat-

Trachten in der Probstei

te, mußte im Laufe des Sommers für Dünger sorgen. Wer nun keinen Hofplatz für einen Düngerhaufen hatte, wie einige Besitzer in der Breiten Straße, der legte sich links oder rechts von seiner Haustür einen kleinen niedlichen Misthaufen an.

Dies ging jedoch auch dem Magistrat zu weit, und so ordneten am 11. Mai 1778 »Bürgermeister und Rat dieser Stadt« an: »Wie denn auch allen und jeden untersagt wird, auf den Gassen Misthaufen anzulegen, im widrigen der Pächter befugt ist, solchen auf der Straße angelegten Mist, aller Widerrede des Eigentümers unerachtet, mit aufzuladen und wegzubringen. Wonach alle, die es betrifft, sich zu achten haben.« So, nun hatten sie es so gut; der Mist wurde ihnen einfach weggenommen!

Franz Bockel

Mien Gastweertshus

Franz Bockel, in der ersten Hälfte des vorigen Jahrhunderts ein populärer Volksdichter, versuchte es nach vielen Berufen auch als Gastwirt. 1852 eröffnete er in Neumünster ein Lokal, das er in den Itzehoer Nachrichten durch folgendes Gedicht bekanntmachte:

Ick wahn nu bi de Isenbahn
Un be, mi nich vörbi to gahn;
Ick schenk hier Bittern, Köhm un Beer,
Punsch, Wien un Grock un sünst noch
   mehr.
Ok heff ick von Konditorie
Wat licht to bieten geiht, darbie;
»Liquer van Rosen« un Absynth,
Dat mag wull jedes Menschenkind.
Denn schenk ick hier ok Bayrisch Beer,
Dat is jüs ni ut Bayern her,
Doch trinkt dat jeder ganz gewiß,
As wenn dat her ut Bayern is.
Wat egentlich dit Schenken heet:
Man köfft een Lütjen mit Verstand
und stickt een Lüttjes in de Hand.
Mien Stuv is warm — un wat ick
   schenk,
Is een appetitliches Getränk;
Duhntrinken kann nich licht geschehn,
Mien Gläser sünd gewaltig kleen.
Doch wer een paar Stunn bi mi bliwt,
Un mi een Preuß'schen Daler giwt,
Den maak ick so kanonenduhn,
Dat em de Näs ward blau un brun.
Ji könnt mi nu as Gastweert sehn
Un mien Geschäft geiht wunnerschön,
Wenn nämlich heel veel Gäst inkehrt,
un ok een Schilling mit vertehrt.
Wenn ut de Bahnhofsport Ji gaht,
So steiht een Hus links an de Straat,
Dat Bahnhofshotel vis-a-vis,
Dar wohn ick — kiekt mal in bi mi!
Mit mienen allerbesten Gruß
Empfehl ick Ju mien Gastweertshuus,
Un segg Ju nochmals, wo ick wahn:
Franz Bockel — bi de Isenbahn.

Rudolf Krohn

Die alte Eiche

Gehen wir (in Itzehoe) weiter bis zum Osterhöfer Teich. Rechts von ihm steht eine stattliche Reihe tausendjähriger Eichen. Eine von ihnen ist aus der Reihe ausgetreten und hat sich mitten in den Steig gestellt, um die anderen besser übersehen und beaufsichtigen zu können. Sie ist nicht nur die dickste, sondern auch die älteste von ihnen, so gegen 1 200 Jahre alt; denn sie hat den alten heidnischen Sachsengott der Itzehoer ja noch persönlich gekannt, weil er in Eichen und Eichenhainen wohnte. Sie kann sich lebhaft der Zeiten erinnern, als Karl der Große hier die Burg gründete und den alten Sachsengott bekämpfte durch Überredungen seiner Priester, durch Geschenke oder durch »Kopf ab!«, und wie die Itzehoer ihm doch mitunter ein Schnippchen schlugen, indem sie heimlich nach dem Blocksberg liefen und da die Walpurgisnacht feierten.

Wenn die alte Eiche an den Wandel der Zeiten denkt, dann überläuft es sie unmutig, insonderheit zur Zeit der Novemberstürme. Dann wirft sie haufenweise ihre Blätter in den Osterhöfer Teich und Zweige und Äste den Spaziergängern auf die Köpfe. Sie gibt zu, daß es im allgemeinen unterm Christentum besser geworden ist, aber doch noch oft unterm Christentum Dogmatik und unter Religion Theologie verstanden wird; daß oft Gemeinheiten herrschen, als wäre man im düstern Heidentum, und man nicht selten versucht sein möchte, dem galligen Philosophen Artur Schopenhauer recht zu geben, der behauptete, die Welt sei vom ästhetischen Standpunkt betrachtet ein Karikaturenkabinett, vom intellektuellen ein Narrenhaus und vom moralischen eine Gaunerherberge.

Der Unmut der alten Eiche ist zu verstehen: einst Göttersitz, heute nur noch gut, um in zersägtem Zustande als Bau- oder Brennholz zu dienen! Sie ist nicht kindisch; denn »das Alter macht nicht kindisch, wie man spricht, es findet uns nur noch als wahre Kinder« (Faust I). Die einzige Anerkennung und Genugtuung, die sie sich von der Jetztwelt ertrotzt, ist die, daß sie keinem Menschen aus dem Wege geht, sondern jeden zwingt — um sie herumzugehen.

Schloß Breitenburg bei Itzehoe

Zwei Inseln und ein Herzogtum ohne Herzog

Carl Reinhardt

Ankunft in Helgoland

Die Ausschiffung der Reisenden bietet bei unruhigem Wasser ein interessantes Bild; denn die Fährboote, welche von den Wellen hin- und hergeworfen werden, sind bald hoch oben am Schiff, bald tief unten an der Treppe. Hülfreiche Hände bringen jedoch die Seekranken oder ungeschickten Landratten bald hinein, obgleich deren Gliedmaßen in einige Verwirrung gerathen. Die Helgoländer sehen dabei, auf ihre langen Riemen gelehnt, gemüthlich zu, und Einer von ihnen hat die Obliegenheit, den herabsteigenden Damen die Kleider zusammenzuhalten, bis sie im Boot festen Fuß gefaßt haben.

Mitten auf der Fahrt beginnt das Einsammeln des Fährgeldes, welches für eine Person und deren Gepäck 12 Schillinge beträgt.

Wer nun etwa geglaubt hat, er werde beim Betreten der Insel einen einsamen Seestrand höchstens von einigen Lootsen und Fischern belebt finden, der wird bald merken, daß er von einem grausamen Irrthum befangen war, denn erstens tönt ihm schon die unvermeidliche »Bademusik« entgegen, und dann wird er bald in der am Strand harrenden Menschenmenge keineswegs Fischer, sondern lauter Badegäste erkennen.

Wehe nun dem Unglücklichen, der, noch mit der Seekrankheit behaftet, das Boot verläßt und wankenden Schrittes durch die Gasse geht, welche zwei Taue und die eng aneinander gedrängten Badegäste bilden, oder der, noch selbst matt und elend, eine leidende Gattin mit schiefgedrücktem Hut durch diese hohle Gasse führen muß. Freundliche Grüße und Erkundigungen nach seinem Befinden werden ihm von allen Seiten zu Theil. Kritiken seines ersten Auftretens auf der Insel werden unverhohlen über ihn ausgesprochen. »Ei guten Tag, Herr Müller«, grüßt einer von der Seite; »sind Sie auch da, Herr Schulze«, ein anderer von jener Seite, und man nennt diesen Leidensgang nicht mit Unrecht die *Lästerallee*.

Einiger Trost auf diesem Gange liegt allerdings darin, daß ihn Jeder machen muß, und daß man späterhin selbst zu den Bäumen jener Allee gehört und ebensowenig seine Schadenfreude über die Figur verhehlt, die der Ankommende spielt, als die Andern.

Komisch ist es anzusehen, wie Einer versucht, sehr gleichgültig zu scheinen und mit seinem Reisesack daher kommt, als ging' er durch einen einsamen Wald. Ein Anderer wirft vernichtende und verächtliche Blicke um sich. Ein Dritter sucht zu verschiedenen Malen und an verschiedenen Stellen unter dem Tau wegzukriechen und die Menschenmauer zu durchbrechen; aber vergebens, denn meistens nehmen die Damen die vordere Reihe ein und verweigern den Durchgang. Viele wissen gar nicht, wie ihnen geschieht; am schlimmsten sind aber jene daran, die sich ärgern oder gar ihren Ärger laut werden lassen, denn sie tragen gegen ihren Willen dazu bei, das allgemeine Vergnügen noch zu erhöhen.

*

Das Unterland

Das Unterland, wohin wir jetzt zurückkehren, liegt auf einer Art Landzunge, die wahrscheinlich ein Überbleibsel des Flachlandes ist, das einst den Felsen umgab und sich über den Gesichtskreis hinausdehnte.

Wenn man zunächst den Strand besucht, der aus Sand und kleinem Steingeröll besteht, so ist die rothe Farbe des Wassers auffällig, welche dieses in der Nähe des Landes vom Grunde annimmt. Der besonders nach Stürmen angeschwemmte Seetang verbreitet einen auffallenden, scharfen Geruch, Einige behaupten Gestank, der indeß nicht ungesund sein soll. Mit einer Art Entsetzen betrachten die Landratten diesen braungelben, stinkenden, klebrigen Seetang, der wie schlafende Schlangen sich am Boden hinringelt und mit seinen Wurzeln noch kleine Felsstücke umklammert hat, die der Sturm mit ihm ausgerissen.

Dazwischen finden sich in der Ebbezeit kleine Seethiere, denen von naturforschenden Dilettanten eifrig nachgespürt wird. Manchmal macht wohl auch Einer den Versuch, einen 20 Fuß langen Tang mit nach Hause zu nehmen, indem er ihn wie eine Aderlaßbinde zusammenrollt und in den Koffer steckt.

Das Badehaus, welches hart am Strand steht, enthält das Comptoir der Badedirection und Vorrichtungen für warme Bäder. Hier kauft man die Karten zum Bad auf der Düne, so wie die Fährmarken. Auch ist hier die Redaction der Fremdenliste, welches Blatt in zwanglosen Heften von zwei Seiten erscheint und nur Persönlichkeiten enthält, indem es die Namen der angekommenen Fremden bringt. Es

Helgoland vom Nordwesten

wird in Cuxhaven gedruckt, denn in Helgoland selbst wird die Kunst Gutenbergs ebensowenig ausgeübt, wie die Reitkunst, weil Buchdrucker und Pferde wahrscheinlich verhungern würden...

Die *Bindfadenallee* ist eine Straße, die sich vom Strand nach der Südspitze hinzieht und ihren Namen wahrscheinlich von der Thätigkeit einiger Seiler hat, die hier ihre Taue drehen. In ihr befinden sich die wichtigsten Etablissements der Insel, nämlich die Barbierstube, die Apotheke, die Uhrmacherwerkstatt und die Leihbibliothek mit über 200 Bänden der beliebtesten Romane, die der würdige Eigenthümer gegen wöchentliches Abonnement verleiht. Auch der Bäcker hat seine Schätze hier ausgebreitet, und am Ende der Straße streckt sich eine Kegelbahn aus, daneben eine Bierbrauerei und neben dieser das sehr besuchte Speisehaus »Fremdenwillkommen«, wo man gut und billig

ißt und das beste Trinkwasser der Insel findet.
Am Ende der Bindfadenallee ist das Inselbad, welches von solchen Patienten benutzt wird, welche die Überfahrt nach der Düne nicht vertragen können, indem sie bei der geringsten Bewegung des Bootes seekrank werden. Es hat das Unangenehme, daß der Boden steinig ist und plötzlich in die Tiefe geht. Auch fehlen die Brandungen, welche auf der Düne stets laufen und ein Hauptvorzug des Seebades sind. Das Wasser ist zudem roth und der Boden öfter mit Seegewächsen bedeckt. Das Bad wird meist von Damen benutzt, weshalb in den Morgenstunden ein Helgoländer stets auf der Lauer steht und die Spaziergänger, die die Klippen besuchen wollen, daran zu hindern sucht.
Dem Conversationshaus gegenüber geht die Straße nach der Treppe hinein, in der sich eine Obst- und einige Naturalienhandlungen befinden, in denen oft die Landratten ostindische Muscheln kaufen und ihren Freunden in der Heimat weismachen, sie hätten sie auf der Düne gefunden.
Auch kann man hier Jagdgewehre, per Tag 4 Schilling, leihen und Pulver und Schrot kaufen. Für Liebhaber von Duellen finden sich sogar Pistolen vor, welche die liebenswürdige Eigenschaft haben, die Seitwärtsstehenden zu treffen, weshalb es den Secundanten dringend empfohlen wird, sich bei vorkommender Gelegenheit in den Sand zu graben oder gerade vor den Duellanten zu stellen.

Jan Herchenröder

Typisch Fehmarn

Fehmarn ist die größte Insel der Bundesrepublik. Ehe im Zuge der Vogelfluglinie 1963 eine bemerkenswert schöne Brücke die Fehmaraner mit dem Festland verband, fühlten sie sich wohl, wenn sie unter sich bleiben konnten — mit Ausnahme der Sommermonate, in denen sie an den badehungrigen Touristen nicht schlecht verdienten. Im übrigen hatten sie mit den Fremden wenig im Sinn; wenn einer der Inselleute mit dem Fährschiff zum Festland mußte, pflegte er zu sagen: »Ich fahre nach Europa!«
Die bitterste, noch bis zum 24. Januar 1867 mögliche Strafe auf Fehmarn war außer einem Todesurteil, das nur selten gefällt wurde, die Verbannung von der Insel. Der Verurteilte wurde vom Gericht in einem offiziellen Geleit zum Fährboot gebracht. Hier verlas der Oberste der Gerichtsherren noch einmal das Urteil, wonach es dem Verbannten verboten war, jemals zurückzukehren. Tat er es doch, wurde er ohne die Möglichkeit einer Revi-

sion gehängt, und zwar bei Petersdorf, wo sich noch heute der Galgen befindet. Nach der Urteilsverlesung bezahlte der Richter dem Fährmann den Preis der Überfahrt, der sechs Pfennige betrug, und gab dem Verbannten, auch das gehörte zum Zeremoniell, einen kräftigen Tritt in die Kehrseite. Darauf stieg der Unglückliche ins Boot und fuhr nach »Europa«.

Anders als das übrige Schleswig-Holstein unterhielten die Fehmaraner durch die Jahrhunderte gute Beziehungen zu Dänemark, was vielleicht im Gegensatz etwa zu Jütland und Schleswig auch deshalb reibungsloser vonstatten ging, weil der 20 Kilometer breite Belt dazwischen liegt. Die Dänen haben diese tolerante Haltung nicht vergessen. Wenn heute, wie es noch immer vielfach geschieht, eine Familie aus Fehmarn schnell einmal mit der Fähre von Puttgarden nach Rödby fährt, um Freunden guten Tag zu sagen, heißt es bei den Dänen nicht »Wir haben Gäste aus Deutschland«, sondern »Wir haben Besuch aus Fehmarn«.

Bis zum Bau der Brücke verkehrten zwei kleine Fährschiffchen, die nur wenige Autos mitnehmen konnten, zwischen der Insel und Großenbrode. Sie trugen auch zwei kleine Wagen des Inselbähnchens, die über den Sund geschaukelt wurden. Diese Fähren spielten im Jahre 1955 eine besondere Rolle. Unvorsichtige waren auf den verhängnisvollen Einfall gekommen, die Gebühren für die Fähren um 100 Prozent erhöhen zu wollen. In Burg, dem Hauptort, wurde daraufhin ein »Revolutionsrat« gebildet, der für den Tag X, wenn die Gebührenerhöhung in Kraft treten sollte, eine eindrucksvolle Demonstration beschloß. Als der Tag kam, wurde im Rathaus von Burg eine schwarze Fahne gehißt. Zugleich fuhren am frühen Morgen über die Inselstraßen aus allen Himmelsrichtungen 500 Last- und Personenwagen zu den alten Fähranlagen und blockierten die Auffahrt. Den ankommenden Wagen war es nicht möglich, die Fähre zu verlassen. Ein Schutzmann waltete seines Amtes und notierte die Demonstranten, die auf der linken Fahrbahnseite aufgefahren waren, wegen verkehrswidrigen Verhaltens. Die drei ersten bezahlten eine gebührenpflichtige Verwarnung, doch die übrigen weigerten sich, das waren 47 Kraftwagenbesitzer. So kam es zu einem Prozeß, die Verhandlung fand im überfüllten Saal des größten Gasthofes statt. Der Amtsgerichtsrat, ein humorvoller Ostpreuße, leitete den Prozeß mit Umsicht und ließ sich weder von den Beifallskundgebungen noch von Mißfallensäußerungen der Prozeßbesucher irritieren. Die 47 Beklagten, die die Gebühren nicht bezahlen wollten, hatten die drei Kraftfahrer, die in die Tasche gegriffen hatten, als Zeugen benannt, daß der Schutzmann mit

Einfahrt in den Hafen von Burgstaaken auf Fehmarn

seiner Kelle mißverständliche Zeichen gegeben hätte, so daß sie annehmen mußten, auch auf die linke Fahrbahn fahren zu sollen. Angesichts dieser Übermacht gab der Polizist zu, daß ein Irrtum nicht auszuschließen sei, worauf die 47 Demonstranten freigesprochen wurden.

Kennzeichnend für die damalige Stimmung war auch ein Telegramm, das die Inselbewohner nach Bonn geschickt hatten. Darin kam zum Ausdruck, sie erinnerten sich daran, mit Dänemark immer gut gefahren zu sein, und sie planten eine Volksabstimmung, ob man sich dem nördlichen Königreich nicht wieder anschließen könne. Alle Maßnahmen zusammengenommen hatten Erfolg: Die alten Fährgebühren behielten ihre Gültigkeit bis zum Bau der Brücke und bis die blumenbekränzten alten Tuckerboote ihren langjährigen Dienst einstellten.

Die Fehmaraner haben neben der schleswig-holsteinischen auch noch eine eigene Flagge, die gern gehißt wird. Ihr Grund zeigt ein ungewöhnliches Blau, das zum Ultramarin neigt, jedoch mit einem Stich ins Hellere, darauf befindet sich die dänische Königskrone.

Jan Herchenröder

Herzogtum ohne Herzog

Der Kreis Herzogtum Lauenburg in Schleswig-Holstein leistet sich den anachronistisch erscheinenden Luxus, sich als Herzogtum zu bezeichnen, obwohl dort schon lange kein Herzog mehr lebt. Fürst Bismarck, dessen Nachfahren in dem zum Kreisgebiet gehörenden Friedrichsruh wohnen, lehnte es seinerzeit nach seiner Entlassung ab, den ihm von Kaiser Wilhelm II. verliehenen Titel eines Herzogs von Lauenburg zu führen. So weist die Bezeichnung »Herzogtum« auf noch frühere Zeiten, als die Askanier an der Elbe residierten, auch ist sie zu erklären aus dem Bedürfnis, sich wenigstens namentlich als ein eigener Bestandteil aus dem alten Preußen herauszuheben, wie dies ähnlich die anderen norddeutschen Provinzen taten...

Die Askanier, die bis zum Aussterben ihres Geschlechts im Jahre 1689 als Herzöge in dem Wald- und Seenland residierten, waren keine ungeschickten Herrscher, aber nach der politischen Moral nicht nur der damaligen Zeit keineswegs penibel, wenn sie sich davon einen Vorteil versprachen. So diente z. B. die Stadt Mölln dem zahlungskräftigen Lübeck, das den Askaniern einen Kredit gewährt hatte, als Pfand. Das hinderte einen der Herzöge nicht, Mölln zu überfallen und gute Beute zu machen. Die Lübecker, denen es weniger auf Raubzüge als auf gewinnbringende Geschäfte ankam, beauftragten nach dem Lauenburger Überfall ihre Truppen, die in Elbnähe gelegenen Burgen zu zerstören. Daraufhin bezeichnete der lauenburgische Adel die Lübecker geringschätzig als Pfeffersäcke, während diese wiederum nicht minder verächtlich von Raubrittern sprachen. Womit beide nicht ganz unrecht hatten...

Hier sei ein städtepsychologisches Phänomen eingefügt, das nichts mit Verwaltungen zu tun hat, wohl aber mit eingefleischten Vorurteilen gegen den Nachbarn. Man kennt viele Beispiele in Deutschland von der Rivalität benachbarter Städte in kultureller, wirtschaftlicher und auch privater Hinsicht. Als feindliche Brüder sind sich die Kölner und Düsseldorfer nicht gerade hold, die Kieler und die Lübecker können nicht als beste Freunde bezeichnet werden, und die dicht beieinander liegenden Städte Ratzeburg und Mölln leben in einer ähnlichen Animosität. Woran das liegt, ist schwer zu ergründen. Vielleicht können die Möllner nicht vergessen, daß ihre Stadt über dreihundert Jahre von der Bergedorfer Linie des Hauses Sachsen-Lauenburg an Lübeck verpfändet wurde, Ratzeburg jedoch nicht, umgekehrt könnten die Ratzeburger den Möllnern noch heute diesen Vorzug neiden, denn unter den Fittichen der Hansestadt führten die Möllner bis auf den erwähnten Überfall ein verhältnismäßig gesichertes und wohlhabendes Dasein. Die Ratzeburger hätten es auch gern gesehen, wenn Till Eulenspiegel seine letzten Tage in ihren Mauern verbracht hätte statt in Mölln...

Hier sei eingeschaltet, daß der Name Eulenspiegel nach Ansicht mancher Philologen weder etwas mit einer Eule noch mit einem Spiegel zu tun hat, vielmehr lasse das niederdeutsche Ulenspegel die Deutung zu, das Wort sei zusammengesetzt aus ulen = fegen und Spegel = Hinterteil, woran auch die Jägerbezeichnung »Spiegel« für die Kehrseite der Rehe erinnert. Somit würde Ulenspegel nichts anderes als im übertragenen Sinne das berühmte Götz-Zitat bedeuten, was dem Schalk ja durchaus entspräche.

Sammlung Christian Jenssen

Was sich die Lauenburger erzählen
Eulenspiegel

Im Dorf Groß-Pampau stand bis zum vorigen Jahrhundert ein altes Bauernhaus, das von den Lauenburgern für Eulenspiegels Geburtsstätte gehalten wurde. Es wird erzählt, daß nach der Sitte des Lan-

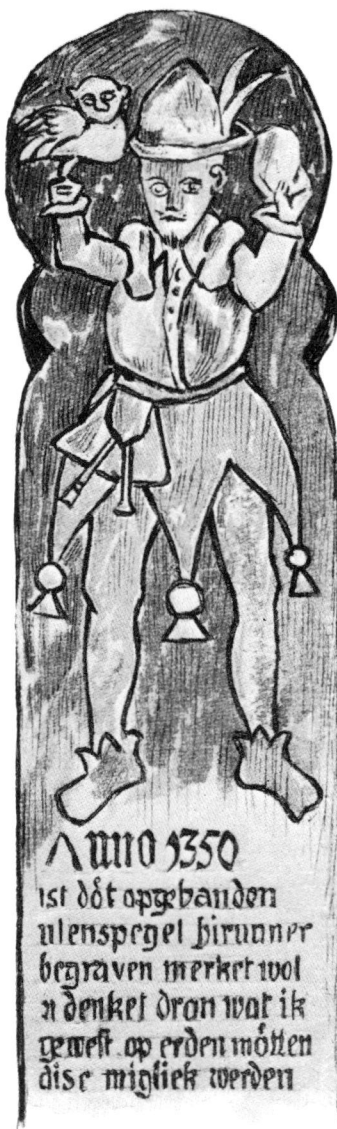

Grabmal Till Eulenspiegels

des am Tage der Taufe des kleinen Till Eltern und Paten im Kirchspielkrug einen kräftigen Trunk taten und auf dem Heimweg den Täufling in einen Teich fallen ließen. Als man ihn nachher suchte und wiederfand, schwamm er in seinen Windeln auf dem Wasser und lachte seine Eltern aus. Das soll der erste Streich des Volksnarren gewesen sein.

Nach langer Wanderung kehrte er in seine Lauenburgische Heimat zurück und verbrachte den Rest seines Lebens in Mölln. Die Möllner behielten ihn, weil sie ihm ihren großen städtischen Grundbesitz verdankten. Der Landesherr hatte ihnen so viel Land zugestanden, als sie an einem Tage umpflügen könnten, und Eulenspiegel wollte diese Arbeit übernehmen. Er zog in weitem Bogen eine Furche rund um die Stadt herum, und alles Land innerhalb dieser Furche wurde den Möllnern zugesprochen. Als man nach seinem Tode den Sarg in die Gruft hinabließ, riß der Strick, und die Leiche kam auf den Füßen zu stehen. »Wunderlich war er im Leben«, sagten die Möllner, »so mag er es auch im Tode sein.« Sie ließen den Sarg stehen und schütteten die Gruft zu. Nach dem Wunsche Eulenspiegels wurde sein Wanderstock auf das Grab gesteckt. Würde er wachsen, so hatte er gesagt, so sei das ein Zeichen, daß er in den Himmel gekommen sei. Der Stock wuchs und wurde zu einer kräftigen Linde.

Durchreisende Handwerksburschen besuchten später die Linde auf Eulenspiegels Grab, und jeder schlug einen Nagel in den Stamm als unfehlbares Mittel gegen allerlei Gebrechen, besonders gegen Zahnschmerzen. Auch Pfennige (Pinn) wurden mit der schmalen Kante als Opfer in den Stamm geschlagen. Davon wurde der Baum bald morsch, und als während der Franzosenzeit im Jahre 1810 holländische Soldaten in seine Zweige hineinklettern wollten, brach er ab. Nun wurde der Grabstein in eine Mauer des Möllner Doms hineingemauert. Wenn aber die Kirchenglocken läuten, so singen die Möllner Knaben noch heute, indem sie den Klang der Glocken mit ihren Worten begleiten: »Ulnspeegel liggt hier begraben ünner de grote Linn, Linn, Linn; de is mit Nageln beslagen un mit vel Pinn, Pinn, Pinn!« oder »Ulnspeegel liggt hier begraben op den Möllschen Kirchhoff baben, ünner de Linn, de is beslagen mit Pinn!«

*

Die Kartenspieler

De oll Möller in Bargholt, im Lauenburgischen wird so erzählt, dat is nu al lang her, de hett so bannig gern Kortenspeln müch. He hett de Lüd tosamnödigt, un denn heppt se op'n Sünndag ünner de

Predigt spelt. As de Ol dod is, sünd de annern ok mal wedder bi to speln, dat is wedder an'n Sünndagmorgen weß. Se makt dor'n Larm bi un lacht un haut op'n Disch, un wenn de een recht so'n schön Kort hett, denn spelt he ut un seggt: »Un dit is Vadder sin Spill!« Dat freut de annern, un se seggt dat ok un haut op'n Disch: »Un dit is Vadder sin Spill!« Do geiht mit'n Mal de Doer apen, un de ol Möller kümmt rin un sett sik bi er op'n Stohl dal un kiekt to. Do kriegt se dat mit de Angst, de Spelers, un se gaht all een na'n annern weg und lat de Korten dar ligg'n. Do hebbt se den Paster ut Gudow halt, de hett den Oln wegbringen schullt. He hett em awer ni weg kregen, he is wul sülben nir rein un god weß. Do hebbt se den Pötrauer halt, un dunn is de Ol verschwunn weß.

*

De Waterries

Dar is mal en Möller weß, de hett en Barg Geld achter de Hand hadd, de Burn hebbt jo all hen na em kamen müß, na sin Watermöhl, un hebbt dar mahln laten müß. Do vertellt se em mal, de Burn, dar is en Räuber togang in'n Lann, dat is en ganz groten un gräftigen Kerl, dar kann sik nüms gegen wehrn. De geiht na de Hüser rin bi helln Dag un nimmt allns mit, wat he kriegen kann. »Nimm di man in acht«, seggt se, »bi di is jo noch wat to haln. Verstek dinen Kram man god, wat du in't Hus hest!« — »Oh,« seggt de Möller, »bang maken gelt ni. Ik heff jo minen Hans, de ward mi wul helpen.« Dat is en Bar'n weß, sin Hans, de is ganz tamm weß un is achter em an lopen as so'n jungen Hund. Dat durt ok ni so lang, do kümmt dar malins abends in de Schummern en groten Kerl bi den Möller na de Doer rin. De hett en Bart, de Kerl, so ruch as so'n Röwerhauptmann, un sin Tüg dat leckt, as wenn he jüß ut dat Water kamen is. He geiht glieks bi de Schappen un Schufladen un söcht allns dör, as wenn he mitnehmen will, wat he bruken kann. »Wat schall dat bedüden?« seggt de Möller. »Lat den Kram ligg'n, segg ik di, du hest dor nix bi verlarn!« — »Lat mi tofreden,« seggt de Kerl, »fat mi ni an, süß ward di dat leeg gahn!« — »Dat wüllt wi doch eerst mal sehn!« seggt de Möller un löppt na de Achterdoer un röppt na buten: »Hans, komm mal her, Hans!« De Bar kümmt jo ok glieks anlopen, un as he den Kerl süht, so stellt he sik op de Achterbeen un geiht op em dal. De Röwer will sik eers noch wehrn, awer de Bar langt em sodennig eenen mit de Tatzen in de Ogen, he nüsselt torüch, un dat Blot löppt em lank Näs un Ohrn. Do lett he allns ligg'n, de Kerl, un makt, dat he wegkümmt. — Dat is al en arig Tied her weß, do geiht de

Mölln

Möller mal's abends an sinen Möhlndiek lank. Do röppt dar wat: »Herr Möller,« röppt dat, »hett he sin grot Katt noch?« De Möller kiekt bi sik rüm un weet eerst gar nich, wo dat herkamen deit. Do süht he dar en Kerl in den Diek sitten, de kiekt mit den Kopp ut dat Water rut un röppt noch mal wedder: »Herr Möller,« röppt he, »hett he sin grot Katt noch?« — »Ja,« seggt de Möller, »de hett jüß söben Jungen.« Do dükert de Kopp gau ünner. »Töv!« denkt de Möller, »nu weet ik, wo de Röwer is, den' wüllt wi dat aflehrn!« He schickt na sin Nawers hen, se schüllt morgen fröh Klock söß all hen na em kamen mit Flinten un Dröschflögels un so'n Kram, se wüllt den Röwer fangen. De Burn kamt uk an, un de Möller lett den Diek aflopen, un as se do op den Grund nasöken dot, do find se dar en gläsern Hus mit en gläsern Doer. Se haut de Doer in'n Dutt un gaht dar rin. Un do find se ok den Kerl, dat is en Waterriesen weß, de kümmt op er dal. Do kriggt Hans sinen Willn, de Bar, de ist dar jo ok bi weß. Un lang durt dat ni, do is he al mit den Riesen trech. Do kladdert de Burn dar rin na dat gläsern Hus un sökt allns na, un se find all er Geld wedder, wat er stahln is, un dar noch vel mehr to.

Klaus Rainer Goll

Das Abendglöcklein

In vielen kleinen Städten und Dörfern ist es noch heute Brauch, daß Glocken frühmorgens den Arbeitstag einläuten, schnell und kurz schwingende, helltönende Glocken, die abends, zu einer bestimmten Zeit, den Tag wieder ausläuten. Das dauert eine geraume Zeit, so daß auch jeder es hören kann.

Auch die Stadtkirche zu Ratzeburg besitzt eine wunderschöne Glocke; mit ihrem abendlichen Läuten aber, weithin zu hören für die Bürger der Stadt (seit unzähli-

Ratzeburg

gen Jahren schon), hat es seine eigene Bewandtnis, so daß der, der Ohren hat zu hören, dem vollen Ton der Glocke lauscht und ihrem leisen Nachklang, in dem viele, noch bis auf den heutigen Tag, ein Lächeln vermuten. Auch damit hat es seine Bewandtnis.

Auf ihrem gewohnten Abendspaziergang am kleinen Ratzeburger See entlang und in dem am See angrenzenden Wald war einmal (wie gesagt: vor unzähligen Jahren schon) ein Fräulein von ganz besonderer Art, ein Edelfräulein, in der allmählich immer stärker werdenden Dunkelheit vom Weg abgekommen und wußte selbst nicht, wie es dazu führen konnte. Aber es war so, und es ist auch wahr, daß das Fräulein angstvoll umherirrte und keinen Augenblick wußte, wo es sich wirklich befand und welcher Weg der richtige war.

Auf einmal aber vernahm es das neunmalige Läuten der Glocken aus der Ratzeburger Stadtkirche, und im Klang dieser Glocke fand das Edelfräulein wieder den Weg zurück nach Hause.

Froh und dankbar war das Edelfräulein dafür und schenkte der kleinen Stadt aus diesem Grund das Abendglöcklein und machte zur Auflage, daß es für immer und ewig jeden Abend um neun Uhr erklingen sollte. Dementsprechend habe der Küster den Glockenstrang pünktlich um diese Abendzeit in die Hand zu nehmen und zu betätigen.

Nun geschah es aber dem armen Küster, daß er seine Pflicht vergaß und die Glocke nicht um die neunte Abendstunde läutete. Aber nur ein einziges Mal: am anderen Abend nämlich, als er, nichts ahnend, den Glockenstrang ziehen wollte, schlägt's ihm energisch ins Gesicht, daß er, von der Ohrfeige arg gepeinigt, weiß Gott, acht lange Tage (oder waren es noch mehr?) mit gebeuteltem Kopf und verschrobenem Gesicht herumlaufen mußte.

*

Der Schweinekrieg

In Frieden lag endlich das Land, nun schon einige Zeit. Dreißig lange Jahre hatte zuvor ein unbarmherziger Krieg auch hier gewütet und seine tiefen Spuren hinterlassen. Auf Frieden für alle Zeit hofften nun auch die Hamburger und dachten, nie wieder Krieg. Aber es kam plötzlich ganz anders: es kam, man soll es nicht glauben, wieder zu einem Krieg, der, das sei gesagt, nicht das Ausmaß und die Schärfe des Dreißigjährigen besaß. Aber er kam heimlich für die Hamburger, wie der Dieb in der Nacht, um das Jahr 1660.

Solange die Hamburger denken konnten, hatten sie das Recht (die ehrbare Gerechtsame), mit ihren Schweinen ins Lauenburgische zu gehen, freimütig über die Grenze zum Sachsenwald hinüber, um dort unter stämmigen Eichbäumen ihr borstiges Schweinevieh reichlich Eichelmast halten zu lassen. Dieses Recht nutzten die Hamburger gern und viel und hatten bislang auch keinen Ärger damit: ihre üppigen Schweineherden fühlten sich, mit samt ihren Hirten, wohl im großen Sachsenwald. Alles befand sich in bester Ordnung: sie und die Lübecker besaßen die Hälfte des Sachsenwaldes. So war es gesetzlich geregelt, und niemand hatte das Recht, ihnen die Eichelmast im Lauenburgischen, in dieser herrlichen Landschaft, streitig zu machen.

Besitzansprüche allein aber genügen nicht, um in Frieden zu leben. Die Welt weiß es, und die Hamburger lernten es kennen, Anno 1660, als sie wieder einmal, weil es an der Zeit war, eine ansehnlich große Schweineherde aus dem Hamburgischen, über Straßen und Feldwege, ins Lauenburgische trieben, wie eh und je. Die Schweine ließen es sich gut sein im sonnigen Sachsenwald, durchwühlten diesen nach bauchigen Eicheln und allerhand anderem Eßbaren für sie und lebten genüßlich ihren Schweinetag im kühlenden Schatten der Bäume. Es kann aber das glücklichste Schwein nicht in Frieden leben, wenn es einem Herzog nicht gefällt. Und so kam es, daß der Herzog zu Sachsen-Lauenburg diesen einträchtigen Schweinefrieden im Sachsenwald störte, indem er, ohne Skrupel und viel zu bedenken, seine Mannen zu den Schweinen schickte und Befehl erteilte, die Schweine zu beschlagnahmen, was ja nichts anderes bedeutete, als sie, mir nichts dir nichts, zu stehlen. Und man nahm so viel man nur greifen und fangen konnte und freute sich über jedes Schwein, das man den Hamburgern entwendet und selbst mit nach Hause gebracht hatte.

Die Hamburger indes sahen sich ohne Recht und Grund angegriffen, bestohlen und dabei um manch fettes Schwein gebracht, um manch einen teuren Braten, regelrecht vor der Nase weggerissen. Das wollte und konnte sich kein Hamburger Bürger, ob reich oder arm, ob mit oder ohne Ansehen, gefallen lassen. Vor allem die Schlächter (die Knochenhauer, wie man sie nannte) protestierten wieder und wieder energisch und mit Verdruß beim Rat der Stadt und drängten darauf, daß er dieser bodenlosen Schande gebührend entgegentrete, das Unrecht zurückweise und darauf hinziele, den Hamburgern wieder Recht und Respekt zu verschaffen, bei gleichzeitigem Schadensersatz, koste es, was es wolle. Sie, die Schlächter und Knochenhauer, seien zu jedem Einsatz und Widerstand bereit. Und so geschah es auch: ohne Umschweife ließ jetzt der Rat aufsitzen einige hundert Mann, wohl die besten seiner Reiter und Kriegsknechte, bewaffnet mit allerlei Kriegsgerät (Spie-

Lauenburg an der Elbe

ßen und Büchsen), und auf ging es, gewappnet vom Kopf bis zur Zehe, in den Sachsenwald, wiederum an einem sonnigen Tag, der vielversprechend war, für die Hamburger. Nicht aber für die überraschten und unvorbereiteten Bewohner des Sachsenwaldes, in dem die Hamburger bereits verschiedene Dörfer in Unruhe und in ihre Gewalt gebracht hatten. Auf Lauenburg an der Elbe wollten sie stürmen, wenn sich keine friedliche Einigung in diesem Streit erzielen lasse.

Diese markante Drohung verfehlte ihre Wirkung nicht: der Herzog sah offensichtlich ein, daß die Hamburger im Recht waren, sprach warmherzig dazu einige Worte und bekannte sich freimütig zur Hamburger Gerechtsame und zeigte sich bereit, die geraubten Schweine, soweit sie überhaupt noch am Leben und nicht etwa in einem Pökeltrog oder aufgegessen waren, zurückzugeben, wenngleich auch schweren Herzens, waren diese Schweine doch inmitten seines Landes einmal fett geworden. Und so versuchte er tatsächlich elf Jahre später ein weiteres Mal, den Hamburgern und Lübeckern ihr Recht auf Eichelmast im Sachsenwald zu verderben und streitig zu machen, was wieder Empörung und Verärgerung hervorrief und die Lübecker und Hamburger dazu veranlaßte, schnell zu handeln und vierhundert Mann Reiter und Kriegsknechte ins Lauenburgische zu schicken. Die Lübecker kamen über die Alte Salzstraße und trafen sich mit den Hamburgern im Sachsenwald, wo die Lauenburger auch diesmal dem fremden Kriegsheer nicht gewachsen waren, und so zogen sie sich zurück auf ihre gewohnten und sicheren Flecken. Dem Herzog aber blieb nichts anderes übrig, als zu versprechen (wie er es schon einmal tat), die Hamburgischen Schweine in Zukunft in Ruhe und Frieden nach Eicheln schnüffeln zu lassen, sei es nun im Sachsenwald oder wo immer er sie anträfe. Das mochte hier sein oder dort, gleichwohl: er vergehe sich an keinem Schwein mehr, frei sollten die Schweine von nun an überall unter der Sonne und unter den Bäumen im großen Sachsenwald nach Eicheln schnüffeln können.

Dies wurde auch viele Jahre eingehalten. Eines Tages aber hörten die Hamburger auf, ihre Schweine in den Sachsenwald auf Eichelmast zu treiben. Mag wirklich sein, sie waren zu bequem dazu oder inzwischen so reich und vermögend geworden, daß sie es nicht mehr nötig hatten, mit ihren Schweinen auf Eichelmast zu gehen und die Schweine viel lieber gemästet von irgendeinem Händler vor den Toren der Stadt kauften.

Das uralte Recht der Hamburger auf Eichelmast im Sachsenwald, die Gerechtsame, wurde bald vergessen, weil niemand sie mehr in Anspruch nahm, und deshalb trifft man wohl heutzutage in Friedrichsruh, in Reinbek oder in Schwarzenbek oder wo auch immer im Sachsenwald kein Hamburgisches Schwein mehr an. Man mag es bedauern: damals aber hatten viele Leute in der Stadt ihr Vergnügen und ihre wahre Freude am Ausgang dieser streitigen Angelegenheit, und sie lachten lauthals über die Soldaten, als sie müde und abgekämpft vom Schlachtfeld in die Stadt zurückkehrten und sich noch einmal, so gut und so wacker sie konnten, vor dem Rathaus postierten, wo sie dem Rat Meldung gaben, daß dieser aufreibende Feldzug weder Leben noch Gesundheit eines Kameraden oder irgendeines anderen Menschen gefordert habe (wofür dem Himmel Dank sei), wohl aber, das mußte selbst der Tapferste aller Mannen zugeben, etliche Schweineschinken, die nicht mehr zu retten waren. Ein Reiter aus ihren Reihen allerdings war bei der Verteidigung der Schweine unglücklich vom Pferd gefallen und hatte sich, vor den Augen der Lauenburger, auf harter Baumwurzel das Bein gebrochen. Auch er wurde (man wird es sich denken können) verlacht, und der ganze Konflikt der Schweinekrieg genannt.

Was den Spökenkiekern alles beikommt

Detlev von Liliencron

Antwort

Was willst du hier, das Land ist kalt
Und ohne Fröhlichkeit und Wälder.
Die Sonne scheint im Wolkenspalt
Nur selten warm auf karge Felder.
Was willst du hier?

Was willst du hier, die Möwe schreit,
Die Fischer rudern stumm die Kähne,
Hoch über Wassers Einsamkeit
Ziehn durch den Nebel wilde Schwäne.
Was willst du hier?

Was willst du hier, es droht das Meer,
Am Ufer schrecken Krüppelweiden,
Das Dasein würde dir zu schwer,
Du könntest niemals dich bescheiden,
Was willst du hier?

Was willst du hier, kein Ball, kein Rout,
Es knistert keine seidne Schleppe,
Ich stehe, naß bis auf die Haut,
Zum Jagdzug auf der Bollwerktreppe.
Was willst du hier?

Was willst du hier, hier bückt sich nicht
Der Kavalier vor deiner Fahne,
Der Lotse bringt den Amtsbericht,
Er scheint mir heute stark im Trane.
Was willst du hier?

Was willst du hier, ein schwarzes Schaf
Erstickt das Leben aller Enden,
Kein Bahnzug rollt, kein Telegraph
Kann Grüße deinen Lieben senden.
Was willst du hier?

Hans der Schwärmer

Hans Töffel liebt Schön Doris sehr,
Schön Doris Hans Töffel vielleicht noch
  mehr.
Doch seine Liebe, ich weiß nicht wie,
ist zu scheu, zu schüchtern, zu viel
  Elegie.
Im Kreise liest er Gedichte vor,
Schön Doris steht unten am Gartentor:
Ach, käm er doch frisch zu mir her-
  gesprungen,

Wie wollt ich ihn herzen, den lieben
   Jungen.
Hans Töffel liest oben Gedichte.

Am andern Abend, der blöde Tor,
Hans Töffel trägt wieder Gedichte vor,
Was Schön Doris wirklich sehr ver-
   drießt,
Da er immer weiter und weiter liest.
Sie schleicht sich hinaus, er gewahrt es
   nicht;
Just sagt er von Heine ein herrlich
   Gedicht.
Schön Doris steht unten in Rosendüften
Und hätte so gern seinen Arm um die
   Hüften.
Hans Töffel liest oben Gedichte.

Am andern Abend ist großes Fest,
Viel Menschen sind eng aneinander
   gepreßt.
Heut muß ers doch endlich sehn, der
   Poet,
Wenn Schön Doris sacht aus der Türe
   geht.
Der Junker Hans Jürgen, der merkt es
   gleich;
Die Linden duften, die Nacht ist so
   weich.
Und unten im stillen, dunklen Garten
Braucht heute Schön Doris nicht lange
   zu warten.
Hans Töffel liest oben Gedichte.

Verbannt

Gleichviel weshalb, ich bin verbannt
Auf eine kleine, deichumrahmte Insel.
Weit liegt mein walddurchrauschtes
   Vaterland.
Hier schleicht und kriecht das Watten-
   meergerinnsel
Durch Schlick und Schlamm, ein
   schmutzig gelbes Band.
Poltert der Sturm nicht, nörgelt Wind-
   gewinsel.
Ich seh die Sonne morgens Wasser trinken
Und abends wieder in die Wogen versinken.

*

Stilles Beileid

Großmutter wird nun täglich immer
   schlimmer,
Doch zögert noch der Allesüberwinder.
Dicht vor dem Spiegel stehn im Neben-
   zimmer
Mamachen und drei hübsche blonde
   Kinder,
Und proben emsig, wie der schwarze
   Flimmer
So reizend putzt das Kleid, als Hut nicht
   minder.
Großmutter stirbt. Es konnte nimmer
   grimmer
Der Damen Trauer sein, das sieht ein
   Blinder.

Theodor Storm

Abseits

Es ist so still; die Heide liegt
im warmen Mittagssonnenstrahle,
ein rosenroter Schimmer fliegt
um ihre alten Gräbermale;
die Kräuter blühn; der Heideduft
steigt in die blaue Sommerluft.

Laufkäfer hasten durchs Gesträuch
in ihren goldnen Panzerröckchen,
die Bienen hängen Zweig um Zweig
sich an der Edelheide Glöckchen;
die Vögel schwirren aus dem Kraut,
die Luft ist voller Lerchenlaut.

Ein halbverfallen niedrig Haus
steht einsam hier und sonnbeschienen;
der Kätner lehnt zur Tür hinaus,
behaglich blinzelnd nach den Bienen;
sein Junge auf dem Stein davor
schnitzt Pfeifen sich aus Kälberrohr.

Kaum zittert durch die Mittagsruh
ein Schlag der Dorfuhr, der entfernten;
dem Alten fällt die Wimper zu,
er träumt von seinen Honigernten.
Kein Klang der aufgeregten Zeit
drang noch in diese Einsamkeit.

Meeresstrand

Ans Haff nun fliegt die Möwe,
Und Dämmrung bricht herein;
Über die feuchten Watten
Spiegelt der Abendschein.

Graues Geflügel huschet
Neben dem Wasser her;
Wie Träume liegen die Inseln
Im Nebel auf dem Meer.

Ich höre des gärenden Schlammes
Geheimnisvollen Ton,
Einsames Vogelrufen —
So war es immer schon.

Noch einmal schauert leise
Und schweiget dann der Wind;
Vernehmlich werden die Stimmen,
die über der Tiefe sind.

Hermann Claudius

Blanke Hans

Ich ritt auf breitem Ackergaul
über die Marsch, verquer und faul.

Die Weizenfelder schwankten schwer.
Im Westen schauerte das Meer.

Von Westen fiel ein fahler Schein
wie von verwittertem Gebein.

Und holpernd ritt ich übers Feld
und ritt bis an den Rand der Welt.

*

Der Greis

Sie sind alle tot,
die mit mir gegangen,
in das Leben sprangen —
sapperlot! — —

Soll ich nun allein
noch die Glocke schwingen?
Ach — es tönt ihr Klingen
nicht mehr rein.

Ach — es klickt und klackt
immer müder,
bis der Klöppel endlich nieder
sackt — — —

Matthias Claudius

Bei dem Grabe meines Vaters

Friede sei um diesen Grabstein her,
sanfter Friede Gottes! Ach, sie haben
einen guten Mann begraben,
und mir war er mehr.

Träufte mir von Segen, dieser Mann,
wie ein milder Stern aus bessern Welten!
Und ich kann's ihm nicht vergelten,
was er mir getan.

Er entschlief; sie gruben ihn hier ein.
Leiser, süßer Trost, von Gott gegeben,
und ein Ahnden von dem ewgen Leben
düft um sein Gebein, —

bis ihn Jesus Christus, groß und hehr,
freundlich wird erwecken! Ach, sie
  haben
einen guten Mann begraben,
und mir war er mehr.

Klaus Groth

Das Dorf im Schnee

Still, wie unterm warmen Dach,
Liegt das Dorf im weißen Schnee;
In den Erlen schläft der Bach,
Unterm Eis der blanke See.

Weiden stehn im weißen Haar,
Spiegeln sich in starrer Flut,
Alles ruhig, kalt und klar,
Wie der Tod, der ewig ruht.

Weit, so weit das Auge sieht,
Keinen Ton vernimmt das Ohr;
Blau zum blauen Himmel zieht
Sacht der Rauch vom Schnee empor.

Möchte schlafen wie der Baum,
Ohne Lust und ohne Schmerz;
Doch der Rauch zieht wie im Traum
Still nach Haus mein Herz.

Hilde Fürstenberg

Letzten Endes Glück

Über deiner Urne werden Schiffe ziehn,
an den fernen Ufern werden Rosen
   blühn —
Und in den Nächten die Sterne
sind deine Totenlaternen.

Sommertags ist die Sonne dir hold,
da leuchtet es über dir wie Gold —
Wintertags fliegen die Wolken voll
   Schnee
über die riesige einsame See —.
Wer hat solche tiefe Ruhe wie du?
Gewaltige Wellen decken dich zu —.

Wenn ich komme, streck ich die Arme
   aus,
bis zum Horizont reicht dann unser
   Haus.

Wilhelm Lehmann

Fahrt über den Plöner See

Es schieben sich wie Traumkulissen
Bauminseln stets erneut vorbei,
Als ob ein blaues Fest uns rufe,
Die Landschaft eine Bühne sei.

Sich wandelnd mit des Bootes Gleiten
Erfrischt den Blick Laub, Schilf und
   See:
Hier könnte Händels Oper spielen,
Vielleicht Acis und Galathee.

Die Finger schleifen durch die Wasser,
Ein Gurgeln quillt um Bordes Wand,
Die Ufer ziehn wie Melodien,
Und meine sucht nach deiner Hand.

Wenn alle nun das Schifflein räumen,
Wir endigen noch nicht das Spiel.
Fährmann, die runde Fahrt noch einmal!
Sie selbst, ihr Ende nicht, das Ziel.

Es schieben sich wie Traumkulissen
Bauminseln stets erneut vorbei,
Als ob ein blaues Fest uns rufe,
Die Landschaft eine Bühne sei.

Sich wandelnd mit des Bootes Gleiten
Erfrischt den Blick Laub, Schilf und See:
Wir dürfen Händels Oper hören,
Man gibt Acis und Galathee.

Wir sehen, was wir hören, fühlen,
Die Ufer *sind* die Melodien;
Bei ihrem Nahen, ihrem Schwinden,
Wie gern mag uns das Schifflein ziehn!

Dort schwimmt bebuscht die Prinzeninsel,
Hier steigt die Kirche von Bosau —
Wir fahren durch den Schreck der Zeiten,
Beisammen noch, geliebte Frau.

Heißt solcher Übermut vermessen?
Rächt sich am Traum der harte Tag?
Muß seine Eifersucht uns treffen,
Wie den Acis des Riesen Schlag?

Die Götter sind nicht liebeleer —
Was ihr den beiden tatet, tut!
Die Nymphe flüchtete ins Meer,
Acis zerrann zu Bachesflut.

Friedrich Hebbel

Herbstbild

Dies ist ein Herbsttag, wie ich keinen sah!
Die Luft ist still, als atmete man kaum,
und dennoch fallen raschelnd, fern und nah,
die schönsten Früchte ab von jedem Baum.

O stört sie nicht, die Feier der Natur!
Dies ist die Lese, die sie selber hält;
denn heute löst sich von den Zweigen nur,
was von dem milden Strahl der Sonne fällt.

Theodor Storm

Bötjer Basch

In der Süderstraße meiner Vaterstadt, dem Gäßchen gegenüber, das nach dem St. Jürgenskirchhof und über diesen an dem Stift entlang nach der Norderstraße führt, stand seit Anfang des 17. Jahrhunderts ein kleines Haus, über dessen Eingangstür sich ein in Sandstein ausgehauenes Bild befand: ein Mann in einem Schifflein, zu dem durch hohe Wellen der

Tod geschwommen war und schon den Mann zu sich ins Meer hinabriß; darunter stand: »Up Land un See«. Es hieß, ein Steinhauer habe derzeit sich das Haus gebaut und zum Gedächtnis seines Vaters, der als kleiner Schiffer zwischen den Inseln gefahren war und dabei im Sturme seinen Tod gefunden hatte, dieses Epitaphium angefertigt.

Im dritten Jahrzehnte unseres Jahrhunderts, nachdem die derzeitige alte Inhaberin gestorben war, sah man mehrfach einen untersetzten Mann, alltags mit einem Schurzfell, Sonntags in langem blauen Tuchrock und Stulpstiefeln, davor stehenbleiben und allmählich unter den kleinen Lindenbaum treten, dessen lang und schmal geschorene Krone sich zwischen dem Bilde und dem Giebelfenster streckte. Nachdem seine blaßblauen Augen wieder eines Tages an dem Steinbilde gehaftet hatten, griff er an die Türklinke, um ins Haus zu treten: aber es war verschlossen; durch die Butzenscheiben des Türfensters sah er auf einen langen schmalen Flur und durch einen offenen Eingang am Ende desselben in ein weiteres leeres Zimmer, in das von der Hofseite her die Mittagssonne schien. Langsam kehrte der Mann sich ab und schritt die Süderstraße hinunter bis auf den Markt, wo er die Steintreppe zum Rathaus hinaufstieg.

Dieser kleine Mann war der Böttcher oder auf plattdeutsch der Bötjer Daniel Basch, eine grüblerische Natur, bei alledem aber kein übler Handwerksmeister. Vier Wochen später hatte er das alte Haus im gerichtlichen Aufgebot gekauft und hielt mit einem alten Gesellen und einer noch älteren Schwester seinen Einzug in dasselbe; bald hingen bunte Zitzgardinen vor dem Fenster der unteren Stube, und zwischen den Geranien- und Resedatöpfen, die auf der Fensterbank standen, schaute das gutmütige Gesicht der alten Jungfer Salome auf die Gasse, wenn an den Markttagen alle die Wagen von den Dörfern in die Stadt hineinfuhren; im Pesel aber — so heißt in alten Häusern der hintere Saal — war die Böttcherwerkstatt, und draußen vom Hofe klang es Tag für Tag: »Band, halte fest, halt fest!« und die Schlägel klappten, und die leeren Fässer tönten.

So mochte wohl etwa fünf Jahre die alte Schwester in ihrem Schlafstübchen oben von der Wirtschaftsarbeit geruht und in dem Giebelfenster ihre Ableger für das untere Blumenfenster gezogen haben, als sie eines Tages zu ihrem Bruder sprach: »Daniel, du bist erst fünfzig; ich aber, eure Älteste, habe bald die Siebenzig; ich kann nicht mehr die schweren Wassereimer schleppen, und das viele Kartoffelschälen vertrag ich auch nicht mehr.«

Daniel Basch, der im Schurzfell vor ihr stand, wurde ganz bestürzt. »Hm«, sagte er, »wie meinst du? Eine Magd? Es ist schon richtig, etwas wacklig wirst du aussehn!« Und er betrachtete sorgenvoll das gute runzelvolle Angesicht; zugleich aber hub er im stillen an zu rechnen, ob das Handwerk es wohl abwerfen möge, zu der Alten noch eine junge Magd ins Haus zu nehmen.

»Nein, Daniel«, sagte die Schwester lächelnd, »laß nur das Kalkulieren: die alte Frauke Michels in St. Jürgen ist gestorben, ihre Kammer ist leer, und die Herren werden mich wohl hineinnehmen, wenn ich bitte; wir sind ja Meisterkinder aus der Stadt hier.«

Daniel nickte; das Stift war nur durch ein kurzes Gäßchen von seinem Haus getrennt, es gab gute Kost dort, besser als in den gewöhnlichen Bürgerhäusern. Er drückte seiner alten Salome die Hand: »Halt, Schwester!« rief er. »Sprich nicht mehr! Sprich nicht mehr! Ich muß einen Gang tun;« — ein Strahl wie von unglaublicher Glückeshoffnung flog durch seine blaßblauen Augen — »ei, sei so gut und hol mir meinen Tuchrock und die Stulpstiefel.« Er fühlte mit der Hand nach seinem Kinn; der Bart stand schon drei Tage; er nickte wieder, Meister Daniel wußte, was er wollte. Nun half seine Schwester ihm in den langen blauen Staatsrock; die Stiefel hatte er schon angezogen; nur noch den hohen Seidenhut und das Bambusrohr zur Hand, dann schritt er zuerst schräguber zum Meister Bartscher und, als er bald glattrasiert herauskam, mit etwas langsameren Schritten durch die Krämerstraße nach der Schiffbrücke und dort in das Haus des alten Hafenmeisters Peters, mit dessen jüngerem Bruder er einst, wie gebräuchlich, die unterste Klasse der Gelehrtenschule besucht hatte. Als er in das Zimmer trat — die Nachmittagssonne schien herein, und der Kanarienvogel, der unter den Blumen am Fenster stand, sang eben aus allen Kräften —, erhoben sich drei Jungfrauen mit ihrem Nähzeug von den Stühlen; das waren die Töchter des Hafenmeisters: Mine, Stine und Line, von vierzig, neununddreißig und siebenunddreißig Jahren; sie waren alle brave Mädchen, aber die braune Line war doch die bravste: sanft, wirtschaftlich und von gutem Menschenverstand, dabei ein wenig schelmisch. Und der Meister Daniel schaute sie an, und die Braune lächelte dabei recht hübsch: »Mamsell Linchen,« sagte Daniel, »könnte ich ein Wort mit Ihrem Vater reden?« Und Linchen wurde dunkelrot und schoß hinaus, um ihren Vater aufzusuchen.

Eine Stunde später — im Böttcherhaus hatte der Geselle die Jungfer Salome schon zweimal nach dem Meister gefragt — trat dieser durch die Haustür, als die Jungfer Salome eben aus der Küche in den Flur kam. Er winkte ihr schweigend mit gekrümmtem Finger in die Wohnstube. Als sie dort waren, hob der kleine

Meister seinen hohen Hut vom Haupte: »So,« sagte er, »Schwester, nun sprich nur, sprich nur weiter!«

Aber die Schwester sah ihn ganz verwundert an: »Was hast du, Daniel?« frug sie; »an jedem Haar hängt dir ein Schweißtropf, und ist doch kalt Novemberwetter; und deine Augen — warum freust du dich so? Haben wir das große Los gewonnen?«

»Ja, Salome, so etwas von der Art; oder vielleicht, ich gewinne es noch später, denn Line Peters ist, denk ich, eine sichere Nummer!«

»Was hast du mit Line Peters, Daniel?«

»Ruf erst den Gesellen!« sagte Daniel. Und als der Geselle gekommen, da wurde es in der Familie offenbar, Meister Daniel und Line Peters wollten ein Ehepaar werden; und die beiden alten Geschwister fielen sich um den Hals und weinten vor Freuden über den jungen Bräutigam.

»Und nun sprich nur weiter, Salome!« sagte dieser.

»Ich habe ja weiter nichts zu sprechen, Daniel,« erwiderte die Alte lachend; »ich will ins Stift; setz dich nun hin und schreib mir die Bittschrift an die Vorsteher! Du bist nun gut beraten!« — Und noch war es nicht Weihnachten, da saß die alte Schwester in Frauke Michels Stube in St. Jürgen und Line Peters als Frau Meisterin hinter den Blumentöpfen in dem Böttcherhause. Die erste Tat aber, welche Meister Daniel als junger Ehemann in den Flitterwochen vollbrachte, war, daß er mit einem Eimer voll Mörtel, die Kelle in der Hand, auf einer Leiter zu dem Totenbild über seiner Haustür hinanstieg und eine glatte Mörtelfläche sanft darüberlegte. »Das paßt nicht mehr!« sagte er bei sich selber; »nein, es paßt nicht mehr!« und damit machte er den letzten Strich daran. Dann stieg er von seiner Leiter; und nach acht Tagen, da es wohl getrocknet war, mußte der Gesell den alten Meister Hermes holen, der die schönen Nelken und Vergißmeinnicht für die Stammbücher machte; nun stieg dieser auf die Leiter und malte die schönste rote Provinzrose mit zwei grünen Blättern auf die graue Fläche. »Schön«, sagte Meister Daniel, der betrachtend in seinem Schurzfell neben der Leiter stand; »dann nun noch ein kleines Knöspchen dabei, aber nicht zu groß!« Und als auch das geschehen war, da trabte er in das Haus und holte seine kleine schmucke Frau. »Nun guck einmal!« sagte er und wies auf das neue Kunstwerk, »und weißt du, wie die Rose heißt?« Das wußte die junge Frau nicht; da sprach er: »Die Rose heißt Line Basch!« — »Ach was!« rief sie und lief ganz rot ins Haus zurück, und Meister Daniel freute sich und lief ihr nach.

Wat gift dat nu tau eten?

Jutta Kürtz

Im Anfang war die Grütze

Mit seinem hölzernen Löffel griff der Bauer mitten hinein in den Grütze-Grapen oder Schüssel, vom golden glänzenden Buttersee führte er den fettgefüllten Löffel geschickt durch den Brei und sagte: »So zog Moses durch das Rote Meer«. Genüßlich ließ er sich die butterglänzende Grütze schmecken. Der Großknecht neben ihm, als nächster an der Reihe, sich sein Mundvoll aus der gemeinsamen Schüssel zu schöpfen, machte es dem Meister nach. »Und viel Volk folgte ihm«, sprach er und zog ebenfalls mit seinem Löffel voller Fett durch den trüben grauen Brei. Woraufhin der Kleinknecht mit Recht die butterlose Zeit anbrechen sah und gewitzt und flink die noch verbliebene Butter mit der restlichen Grütze verrührte mit den Worten: »Und es war da all' ein Gewimmel«. Der Kampf um den Buttersee war nicht ganz verloren.

Ein Bild aus dem norddeutschen Alltag. Die Grütze war durch viele Jahrhunderte die wichtigste Speise des Landmannes und des einfachen Bürgers...

»Die Lebensart der Alten ist sehr bescheiden und sparsam«, schrieb der Sylt-Chronist Henning Rinken 1837. »Soviel ist bekannt, daß die meiste Nahrung in Fisch, in Grütze und in grünem Kohl bestand. Ein jeder hatte immer sein selbstgebrautes Bier im Vorrath und niemand kannte andere Genüsse des Morgens als Grütze mit Bier und gewöhnlich oft des Mittags auch, mit Fisch dazu, Kartoffeln sind wohl kaum bekannt.«

Die Grütze, die noch heute das nordfriesische Wappen ziert, weil sie einst samt Grapen als Wurfgeschoß friesischer Frauen den Feind verjagte, war wohl aller Nahrung Anfang. Bis zu achtundzwanzig Mal in der Woche hat es sie gegeben. Je ärmer das Haus, desto mehr Grütze — mit unglaublichen Variationsmöglichkeiten. Es gab sie aus Gerste oder Roggen, Weizen oder Buchweizen, aus Hafer oder Graupen. Mit Wasser oder Saft wurde sie gekocht, mit Mager-, Voll- und Buttermilch. An Sonn- und Feiertagen kam auch mal ein Schuß Rahm darüber.

Friesland — Freßland?

Es gab natürlich auch bessere Zeiten und Gegenden. *Non a frigeribus Fresland sed saepe fretendo Nomen conveniens ista Provincia habet* — (nicht von den Frösten, sondern vom vielen Fressen hat dieses Friesland den passenden Namen) — schrieb Prediger Petrejus, der 1589 seine Schäflein in Odenbüll auf der nordfriesischen Insel Nordstrand betreute und über den Nordstrander Alltag berichten konnte, wie er vor den großen Sturmfluten war. »Wenn die Geest gut gedüngt wird, gibt es vorzügliche Roggen und Hafer, Ochsen, Kühe, Pferde, Schafe, Schweine, Gänse, zahme Schwäne — an Speise und Trank ist hier Gottes Segen«, schreibt er. Und staunt weiter: Mein Lebtag habe ich nie ein solches Wohlleben gesehen wie auf Nordstrand. Frisch gesalzene, gekochte und angebratene Gänse werden mit Fett übergossen und halten sich das ganze Jahr. Speck, geräuchertes Ochsen- und Lammfleisch, Käse, Eier und herrliche Milchspeisen, Zukost und Leckereien und goldgelbe Butter. Selbst das Gesinde lebt wie die Herren — wir haben so viel zu essen, daß die Leute täglich fünf Stunden gebrauchen, um zu speisen.« ...
Aber diesen gelegentlichen Überfluß meinte der Sylt-Chronist Rinken sicher nicht, als er vom einfachen Leben der Insulaner sprach. Und auch der Reisende, der sich über den Genuß des »Sudens« beklagte (das ist der Meerstrandwegerich, der als eines der wenigen frischen Gemüse auf Sylt im Frühjahr geschnitten wurde). Er hatte wohl schlechte Erfahrungen gemacht: »Sie gaben mir Gras zu essen«, erzählte er, »wäre ich bis zum Winter geblieben, sie hätten mich bestimmt mit Heu ernährt!«

*

Friesische Buchweizengrütze

Die Nordfriesen, zumal die Sylter, aßen zeitweise auch recht bescheiden, wie das von Jutta Kürtz beschriebene Gericht aus Meerstrandwegerich beweist, das bei den

»Grünen« vielleicht wieder eine gewisse Aktualität gewonnen hat. Man lobt ja auch den Löwenzahnsalat und eine Suppe aus jungen Brennesseln.

Kommen wir lieber noch einmal auf die Grütze zurück, genauer auf die Buchweizengrütze: 150 g Buchweizen werden mit Wasser steifgekocht, worauf man die Masse über Nacht stehenläßt. Am nächsten Tag rührt man sechs Eier und vier in Würfelchen geschnittene und leicht angedünstete Zwiebeln in den Teig und formt dann flache Bratlinge, die nach Belieben mit Salz und Pfeffer gewürzt wurden. Sie werden in der Pfanne braungebraten und sehen aus wie Frikadellen, schmecken aber anders, obwohl das manche Vegetarier leugnen. Hier gelangen weltanschauliche Zutaten ins Spiel, an die die alten Friesen bestimmt nicht gedacht haben.

Jan Herchenröder

Birnen, Bohnen und Speck

Zutaten: 400 g geräucherter, durchwachsener Speck, 1 l Fleischbrühe, 750 g Kartoffeln, 600 g Brechbohnen, 500 g kleine Birnen, gehackte Petersilie.

Bohnen wie für Salat in Stücke schneiden, Speck und Kartoffeln würfeln, den Speck anbraten, Fleischbrühe zugeben und zum Kochen bringen, Kartoffeln, Bohnen und die ganzen Birnen hinzugeben und das Gericht kochen, bis alles gar ist. Beim Servieren Petersilie darüber streuen.

Wenn Süddeutsche dieses Rezept lesen, werden sie die Nase rümpfen. Das ist etwas voreilig. Erst versuchen, dann rümpfen. Das Gericht ist nicht so derb, wie es klingt, die Birnen verleihen ihm einen angenehmen ausgewogenen Geschmack. Problematischer verhält es sich für Nichtkenner mit der

Holsteiner Aalsuppe

denn man versieht sie mit Zutaten, die aus den verschiedensten Bereichen kommen. Dennoch fügen sie sich harmonischer zusammen als die Bestandteile der berühmteren Hamburger Aalsuppe, von der Böswillige behaupten, sie sei von einem volltrunkenen Totengräber in Altona erfunden worden.

Die Holsteiner lieben die Geselligkeit, und wenn ihre tüchtigen Frauen eine Aalsuppe zubereiten, dann mindestens für zwölf Gäste. Sie benötigen als Zutaten: 2 ½ kg Ochsenfleisch vom sogenannten Bürgermeisterstück, 2 kg Aal, Erbsen und Möhren im Verhältnis 2:1, zu gleichen Teilen Pflaumen, Birnen und Äpfel, 1 Bündel Suppengrün (mit Sellerieknollen) und

500 g geschälte und in Würfel geschnittene Kartoffeln.

Zunächst wird das Ochsenfleisch vier Stunden lang gekocht. Unterdessen zieht man den Aalen die Haut ab, nimmt sie aus, wäscht sie und schneidet sie in Stücke. Wenn die Ochsenbouillon fertig ist, nimmt man das Suppengrün heraus und gibt alle übrigen Zutaten hinein und fügt als Würze etwas Essig, Salz nach Geschmack und einen Eßlöffel Zucker hinzu. Das Ganze wird gekocht, bis alles gar ist, d. h. etwa 30 Minuten. Vorm Anrichten werden einige Klößchen hinzugetan, sogenannte Klümp: 2 Tassen Mehl, 1 Eßlöffel zerlassene Butter und 2 Tassen kochendes Wasser werden mit etwas Salz zu einem festen Teig verrührt, daraus formt man Klößchen, die in Wasser gekocht werden, bis sie oben schwimmen. Wer's delikater haben will, verrührt in dem Teig noch vier Eier und nimmt statt Wasser heiße Milch. Gekocht werden auch diese Klöße in leicht gesalzenem Wasser.

Mit den Klößen, den Klümp, haben es die Schleswig-Holsteiner besonders gern zu tun, teilen also diese Vorliebe mit den Baden-Württembergern, wenn auch auf andere Arten der Zubereitung. Es empfiehlt sich, sie mittags zu essen und hinterher einen ausgedehnten Verdauungsspaziergang zu unternehmen, wenn man sich nicht wie der Wolf im Märchen vom Rotkäppchen fragen will: »Was rumpelt und pumpelt in meinem Bauch?« Das trifft vor allem für eine Dithmarscher Abart zu. Man bereitet dort den Teig aus Mehl und heißer Milch, worauf flüssiger Rindertalg hineingearbeitet wird, ehe man die Klöße mit einem Eßlöffel heraussticht und kocht. Besonders beliebt ist aber der

Große Hans

Hier besteht der Teig aus 750 g Mehl, 6 Eiern, 1 l Milch, zerlassener Butter, nur mit etwas Salz gewürzt. Die Masse wird in eine Serviette eingebunden und anderthalb Stunden in leicht gesalzenem Wasser gekocht. Wenn »Hans« gar ist, schneidet man ihn in Scheiben. Dazu gibt es einen kräftigen Schweinebraten mit viel Soße oder in bescheideneren Fällen mit einem beliebigen Kompott, wobei auch hier der Saft die Hauptsache ist.

Der Große Hans muß nicht unbedingt in einer Serviette gekocht werden, manche Hausfrauen nehmen dazu eine zylindrische Backform, die mit einem Deckel verschlossen wird. In manchen Gegenden wird der Kloß auch mit gekochter Schweinebacke serviert.

Noch anders und recht apart mundet

Der größte Hans

Dazu gehört ein gehöriges Stück Eisbein, das einen Tag lang in Wasser gelegt wird. (Es kann auch eine Nacht sein). Darauf schneidet man zu gleichen Teilen Möhren, die in Schleswig-Holstein schlicht Wurzeln heißen, und Steckrüben, die wiederum im Hessischen etwas hochstaplerisch als »Unterirdische Kohlrabi« bezeichnet werden, in große Würfel. Nun legt man dieses Gemüse rings in einen Topf, bettet das Eisbein hinein, füllt mit etwas Wasser auf und gibt den größten Hans hinzu. Der besteht anders als zuvor geschildert, aus 1 kg Mehl, 500 g Butter, Rosinen, Korinthen, Zucker, etwas Kardamom und Zimt. Man wickelt ihn in die Serviette und legt ihn auf die Möhren- und Steckrübenwürfel und auf das Eisbein. Das Ganze muß drei Stunden lang kochen, wodurch sich die Ingredienzen gegenseitig durchziehen. Zuletzt wird der größte Hans herausgenommen, von der Serviette befreit und in Scheiben geschnitten, die neben je einer Scheibe Eisbein und dem Gemüse angerichtet werden. Übergossen wird das Gericht möglichst mit einer kräftigen Bratensoße.

Etwas Typisches seit altersher ist auch

Schweinekarbonade in Bier

Das Gericht stammt noch aus jenen Tagen, als in jedem schleswig-holsteinischen Haushalt Braunbier gebraut wurde. Dabei ist anzunehmen, daß das Gericht mit dem heutigen schmackhaften Flaschenbier aus Norddeutschland noch besser mundet als früher. Das Rezept ist einfach: In einem mittelgroßen Topf werden für vier Personen schichtweise je zwei Scheiben zu 125 g (insgesamt 1 kg) Karbonade, normal gesalzen, gestoßener Zwieback und Nelkenpfeffer und je 3 geschälte Zwiebeln getan. Dann mischt man halb und halb Bier und Wasser und gießt soviel in den Topf, daß der Inhalt ganz mit Flüssigkeit bedeckt ist. Man läßt nun alles eine gute Stunde im verschlossenen Topf schmoren und serviert das Gericht mit Salzkartoffeln.

Nichtkenner sollten sich nicht über den gestoßenen oder zerriebenen Zwieback wundern. Der Zwieback spielt seit alten Tagen in Schleswig-Holsteins Küchen eine besondere Rolle, denn er verleiht manchen Fleischspeisen ein zusätzliches angenehmes Aroma. So auch beim

Fehmarnschen Gänsebraten

Hier wird die Gans zunächst auf die übliche Art behandelt, also gerupft, ausgenommen, gewaschen und getrocknet. Sodann wird sie außen und innen gesalzen und gepfeffert. Der eigentliche Pfiff ist die Füllung. Sie besteht aus Apfelstücken, Rosinen, gestoßenem Zwieback, wobei man ruhig etwas reichlich vorgehen kann, Backpflaumen und Sauerkohl. Diese Zutaten werden gut gemischt und in die Gans getan, die man darauf am besten zunäht. Gebraten und gebräunt wird sie wie immer, je nach Größe zweieinhalb bis drei Stunden, wobei zwischendurch wiederholt das ausgebratene Fett abgeschöpft und durch Bouillon ersetzt wird. Die Innereien, wie Herz und Magen, sowie Hals und Flügel kann man mitbraten, während die von der Galle befreite und gebratene Leber besonders gut mit Rührei mundet. Wie oft hat man schon vom »Rippenspeer« gehört oder gelesen, vielleicht auch das Gericht gegessen, ohne zu wissen, wie es eigentlich zubereitet wird. Hier das Rezept für

Kieler Rippenspeer

Je nach Anzahl der Gäste wird ein Schweinerippenstück vorsichtig bearbeitet, indem man ihm, wobei man an seinen unbeliebten Chef denken kann, in der Mitte die Rippen knickt. Es muß ein Hohlraum entstehen, der mit Apfelstücken, ein paar entkernten Pflaumen, Rosinen und gestoßenem Zwieback gefüllt wird. Man näht das Stück zu und schmort es, nachdem es gesalzen und gepfeffert wurde, in einem geschlossenen Topf. Wichtig ist, daß das Fleisch wiederholt mit Bouillon oder heißem Wasser übergossen wird, denn es soll mit viel Soße auf den Tisch kommen.

Dieter Alpheo Müller

Langkohl in Afrika

Es gibt viel Kohl auf der Welt: Rosenkohl, Wirsingkohl, Kohlrabi, Grün-, Weiß-, Rot-, Spitz- und Blumenkohl, aber es gibt auch Langkohl. Er wächst nicht, er wird gemacht; mit »machen« ist der Vorgang jedoch viel zu schwach ausgedrückt, denn er wird in vielen Geestdörfern im Norden des Landesteils Schleswig zur Weihnachtszeit regelrecht zelebriert.

Der Hauptbestandteil ist Grünkohl, frisch geholt vom kahlen Feld oder aus dem Garten, der schon einige Nachtfröste hinter sich hat und mit klammen Händen von den harten Strünken abgestreift wird. Davon nimmt man zwei Drittel und ein Drittel Weißkohl, beides wird getrennt gekocht, sodann füllt man die Teile mit gekochten Kartoffeln auf. Wenn der Inhalt der beiden Töpfe abgekühlt ist, dreht man ihn durch den Fleischwolf und vermischt ihn anschließend in einem großen Topf, dem größten der Küche, mit einem Rührlöffel.

Jetzt wird auch der Name klar: man verlängert den Grünkohl, was vielleicht aus der Geschichte der kargen Region zu verstehen ist. Aber auch Geschmacksgründe spielen eine Rolle. Früher gab es wenig Grünkohlpflanzen, so daß die Geestbewohner auf diesen Ausweg kamen, worauf sie feststellten, welch gutes Gericht ihnen gelungen war. Seine Erwähnung erweckt bei allen Menschen der Geest Erinnerungen und Heimatgefühle, auch läuft ihnen dabei das Wasser im Munde zusammen.

Mit dem Rühren ist es natürlich nicht getan. Zwei Tage lang kocht das kostbare Gemisch in Fett, Sahne, durch viele Zutaten gewürzt und durch die jeweilige Bratensoße bereichert, wobei wieder häufig gerührt wird, damit nichts »anbackt«. Wenn der Langkohl endlich aufgetischt wird, gibt es dazu nicht gezuckerte Röstkartoffeln wie im Holsteinischen, sondern mehlige Salzkartoffeln, auch nicht Schweinebacke und Kassler, dafür Ente, Gans oder Pute und immer eine ganze gebratene Kotelettseite. Gegessen wird das Gericht an drei Tagen hintereinander, am Heiligabend, am ersten und zweiten Weihnachtstag: eine erneute Bestätigung des Namens Langkohl. Ist es notwendig zu erwähnen, daß er aufgewärmt am besten schmeckt?

Aber einmal schmeckte mir mein teurer Langkohl gar nicht. Als ich das erste Mal Weihnachten im Ausland verbringen mußte, und zwar in Windhoek/Namibia, erinnerte sich meine Mutter daran, was ihr Sohn auch dort an den Feiertagen wohl am meisten vermissen würde, natürlich Langkohl. Es bereitete ihr keine Schwierigkeiten, das Festgericht beim Kolonialwarenhändler Kütte Jensen Wochen vor Weihnachten in seiner alten Dosenschließmaschine reisegerecht zu machen. Darauf traten drei Gemüsedosen mit dem Langkohl neben Tennishemd und -hose, neben Tannenzweig und Marzipan die Reise nach Afrika an. Etwas hatte die gute Mutter aber nicht bedacht: die Ferien begannen dort unten schon Anfang Dezember, und sie waren nicht nur Weihnachts-, sondern gleichzeitig Sommerferien, die bis Ende Januar des folgenden Jahres dauerten.

Das Paket schipperte irgendwo auf irgendeinem Schiff an der afrikanischen Küste, als ich schon längst meinen Urlaub zwischen Kapstadt und Durban angetreten hatte und dort bis zum Ferienende bleiben wollte.

Daß mein Weihnachtsmahl nur aus einer Käseecke und trockenen Brötchen bestand, hat andere Gründe. Inzwischen war das Paket längst im Hafen von Walvis-Bay angekommen, vielleicht schon in der zweiten oder dritten Adventswoche, und mit einem Brief avisiert, wie sich später herausstellte. Das konnte ich zu dieser Zeit nicht wissen. Der Paketinhalt sollte ja auch eine Überraschung sein. Die wurde es dann auch.

Südafrikanische Zöllner, die sogar in geschlossenen Dosen böse Kommunisten oder Aufrufe gegen die Apartheit wittern, öffneten diensteifrig die Konserven. Bei Temperaturen zwischen 38 und 45 Grad im Schatten. War schon vorher bei der Fahrt durch subtropische und tropische Gebiete der Gärungsprozeß sicherlich nicht aufgehoben worden, so wandelte sich der Kohl während der Lagerung zu einer Stinkbombe um aus Sahne, Kohl, Kartoffeln und Tunke.

Die Zöllner drückten schleunigst wieder die losen Deckel auf das Gemisch und legten die Dosen zu den anderen Geschenken zurück in das Paket, das noch eine Bahnfahrt von vierhundert Kilometern durch die heiße Namib-Wüste nach Windhoek vor sich hatte. Tennisutensilien, entnadelter Tannenzweig, Marzipan und Langkohl gerieten durcheinander. So etwas verbittert, ich hatte mit Tränen der Enttäuschung und Wut zu kämpfen.

Dies war der »längste« Langkohl meines Lebens. Seitdem richte ich es so ein, daß ich Weihnachten immer zu Hause feiere — bestimmt nicht zuletzt wegen unseres Nationalgerichts.

Jan Herchenröder

Das magische Wort Grünkohl

Der Langkohl aus Dieter Alpheo Müllers Heimat in Ehren, aber was ein rechter Holsteiner ist, der wartet viel zu ungeduldig auf sein Lieblingsgericht, um zwei Tage Kochzeit in Kauf zu nehmen. Ein wackerer Hausmann aus Eutin, dessen Frau als Chefsekretärin in Lübeck die Brötchen und auch den Grünkohl verdient, verriet das typische Rezept, das er von seiner Mutter übernommen hat, die sich wiederum auf ihre Niendorfer Großmutter berief. Woher diese das Gericht kannte, verliert sich im Mythischen. Auf jeden Fall schmeckt Grünkohl auf holsteinische Art nicht nur den »Nordlichtern«, auch die Kurgäste aus fernen Ländern, selbst die Bayern, lassen sich von dieser Spezialität in den Seebädern rings um die Lübecker Bucht, an der Kieler und Flensburger Förde verwöhnen — falls sie keinen strengen Diätvorschriften unterliegen.

Hier also das Rezept jenes Hausmanns, das von verschiedenen einheimischen Frauen und heimatbewußten Gastronomen als authentisch bestätigt wurde. Es ist nicht kompliziert. Man kocht den Grünkohl ab, wäscht ihn unter kaltem Wasser wie Spinat, damit Schaum und eventuell übriggebliebener Schmutz abfließen. Dann dreht man ihn durch den Fleischwolf oder wiegt ihn mit dem Messer kurz und klein, würzt nur leicht mit Salz und Pfeffer, gibt möglichst fetten geräucherten Schinkenspeck hinzu und kocht das Ganze mit wenig Wasser und mit einem tüchtigen Stück Schmalz bis zum Garwerden. Es bleibt dem Geschmack überlassen, und das ist die einzige gestattete Variante, ob man statt des Schinkenspecks Schweinebacke, Kassler oder eine Kohlwurst mitkocht. Keinen Streit darf es um die dazu gereichten Bratkartoffeln geben. Man nimmt die kleinen runden, die gekocht, abgepellt und dann gebraten werden, ohne daß man sie zerschneidet. Man brät sie aber nicht einfach in Fett, sondern gibt eine gehörige Portion Zucker hinzu, wodurch sie dunkelbraun und knusprig werden.

Meine Tante Elisabeth aus Laboe bereitete gern Suppen. Dazu gehörte ihre

Grünkohlsuppe auf Heikendorfer Art

Dabei kochte sie den Kohl ab und drehte ihn durch den Fleischwolf, wie bei dem zuvor angegebenen Rezept. Darauf bereitete sie eine Hafergrütze mit Bouillon, tat Suppengrün und Schmorrippchen hinzu, fügte den Grünkohl bei und ließ die Suppe noch einmal kochen, bis alle Zutaten gar waren.
Gerühmt wurde nicht minder ihre

Fliederbeersuppe

gleichfalls eine Spezialität aus Schleswig-Holstein. Fliederbeeren werden dort die dunkelvioletten Früchte vom Holunder genannt, die im Spätherbst reif werden. Roh genossen schmecken sie penetrant, gekocht um so besser. Sie werden zunächst mit nicht zuviel Wasser gegart, bis sie weich werden und sich leicht der Saft durch ein Sieb pressen läßt. Darauf gießt man nach Belieben Wasser hinzu — eine raffiniertere Variante ist Kirschsaft — und süßt mit Zucker, doch nicht zu stark; in manchen Fällen ist der Kirschsaft süß genug. Nun kocht man in der Suppe ein paar geschnittene Äpfel, dickt sie mit etwas Mondamin und serviert sie mit Grießklößchen oder geschlagenen Eiweißflocken. Am wichtigsten ist, daß der Eigengeschmack der Flieder-, vielmehr Holunderbeeren nur angedeutet und nicht dominierend sein darf.

Die herrliche Rote Grütze

Der Streit, in welcher Landschaft zuerst die Rote Grütze erdacht wurde, ist so alt wie sie selbst und dürfte wohl nie entschieden werden. Ich tippe auf das frühere Herzogtum Schleswig, wo sie auch die Dänen kennengelernt haben und die sie neben der Leberpastete, dem vielfach variierten Smørbród und dem mit einer braunen knackigen Kruste versehenen Schweinebraten zu einem ihrer Nationalgerichte erhoben haben. Auf jeden Fall ist diese herrliche Nachspeise nun überall bekannt, in Deutschland drang sie sogar über die Mainlinie vor.
Wir leben u. a. in einem Zeitalter der Tiefkühltruhe, in der auch Obstsäfte oder ganze Früchte vereist werden, so daß man sie selbst in der erntelosen Winterzeit auftauen und genießen kann. Am besten schmeckt die Rote Grütze allerdings mit frischen Früchten, d. h. Ende Juni, wenn die Himbeeren und die Johannisbeeren reifen. Andere Beeren oder gar Kirschen zu verwenden, ist eigentlich ein Sakrileg und nicht typisch Schleswig-Holstein.
Beim Originalrezept werden die Himbeeren und Johannisbeeren zu gleichen Tei-

len, vermischt mit Wasser, weichgekocht. Dann rührt man das Ganze durch ein feines Sieb, schmeckt den Saft mit Zucker ab, gibt Mondamin hinzu oder rote Gelatine und gießt die Grütze in eine Porzellanschüssel, wo sie erkaltet. Beim Anrichten stülpt man sie um — sie zittert dann wie »Wackelpudding« — und serviert mit kühler Milch oder, wie die Dänen, mit süßer Sahne.

Die Rote Grütze oder Rodegrütt, wie sie auf Plattdeutsch heißt, wurde schon oft besungen. Am besten gelang dies wahrscheinlich Hermann Claudius, der über hundert Jahre alt wurde und sich dabei ein junges Herz bewahrt hatte. In seinen Gedichten steckt viel vom Vorfahr Matthias Claudius.

Hermann Claudius

Rodegrütt

Rodegrütt! Rodegrütt!
Kik mal, wat lütt Hein hüt itt.
Allns rundüm hett he vergeeten.
Rodegrütt, dat is en Eten!
Rodegrütt!

In de Schol de letzte Stünn
kunn he sick ob nicks besinn,
un int Bookstabeern un Lesen
is he lang so dumm nich wesen.
Man he keem bi dat un düt
jümmer mank de Rodegrütt,
Rodegrütt!

— »Na, lütt Heini, noch en beten?«
Mudder het hüt vel to möten.
Hans un Hein un Stin und Gret
eet, as güng dat üm de Wett,
Rodegrütt!

Leddig is de grote Grapen.
Greten ilt, em uttoschrapen.
Heini man, de lütte Deef,
hölt mit beide Hann den Sleef.
Wat dor allns noch binnen sitt!
Rodegrütt!

Matthias Claudius

Kartoffellied

Schön rötlich die Kartoffeln sind
   und weiß wie Alabaster!
Sie däu'n sich lieblich und geschwind
und sind für Mann und Frau und Kind
   ein rechtes Magenpflaster.

Quellennachweis

Graf Adelbert Baudissin, »Schleswig-Holstein meerumschlungen«, Verlag Eduard Hallberger, Stuttgart 1865.

Peter Beuning, Pseudonym für Dr. Eberhard Groenewold. Beiträge: Carl Jacob Burckhardt »Musikstadt Lübeck«, Garlieb Merkel »Die Lübeckischen Schönen«, Joseph von Eichendorff »Die grausigen Fluten« aus dem Buch »Lübeck Ansichtssache«, LN-Verlag, Lübeck 1969.

Reinhard Bordel, »... und erlegte 373 Wale«, Verlag Hansen & Hansen, Münsterdorf 1978.

Hermann Claudius, »Rodegrütt« aus »Mank Muern«, 2. Auflage der Erstausgabe 1912, Verlag der Fehrs-Gilde, Hamburg 1982; »Blanke Hans« und »Der Greis« aus »Daß dein Herz fest sei«, Verlag Langen-Müller, München 1934.

Matthias Claudius, Gedichte aus »Gesammelte Werke«, 1907.

Eberhard Clemen, Gedicht aus »Fuge in Moll«, J. G. Bläschke-Verlag, Darmstadt 1973.

H. Eckardt, »Alt-Kiel in Wort und Bild«, Selbstverlag, Kiel 1899.

Joseph Freiherr von Eichendorff, Tagebuch, 1805.

Hilde Fürstenberg, Gedicht aus dem Band »Beim tiefsten Stillesein«, Verlag Waldhütte, Mölln 1979.

Emanuel Geibel, Gedicht aus »Gesammelte Werke«, 1883/84.

Klaus Rainer Goll, Originalbeiträge 1982, erzählt nach Meyer 1929 und Beneke 1854.

Klaus Groth, Gedichte aus »Quickborn«, 1853.

Friedrich Hebbel, »Herbstbild« aus Sämtliche Werke, 1865—67.

Jan Herchenröder, Beiträge aus den Büchern »Lübecker Bucht kennen und lieben«, LN-Verlag, Lübeck 1974; »Deutschland diesseits«, Seewald Verlag, Stuttgart 1966; »Kreis Herzogtum Lauenburg«, Verlag Weidlich, Frankfurt 1973.

Christian Jenssen, Beiträge aus »Märchen und Sagen von Menschen und anderen wundersamen Wesen in Norddeutschland«, Verlag Christians, Hamburg 1978. Eigene Erzählungen und andere, gesammelt nach Werken der Autoren Karl Müllenhoff, Gustav Friedrich Meyer, Wilhelm Wisser und Peter Wiepert.

Wilhelm Jessen, »Sylter Sagen«, herausgegeben nach Schriften des Heimatforschers Christian Peter Hansen, Verlag Hansen&Hansen, Münsterdorf 1976. (Geschichten um Pidder Lüng).

Rudolf Krohn, »Spaziergänge durch Alt-Itzehoe«, Verlag Hansen & Hansen, Münsterdorf 1981.

Jutta Kürtz, »Großer Hans liebt Schweinebacke«, LN-Verlag, Lübeck 1978.

Wilhelm Lehmann, »Fahrt über den Plöner See« aus »Gesammelte Werke in acht Bänden«, hrsg. von Hans Dieter Schäfer (Band 1, sämtl. Gedichte), Klett-Cotta, Stuttgart 1982.

Detlev von Liliencron, Gedichte aus den Bänden »Adjutantenritte«, 1838 und »Bunte Beute«, 1903; Prosabeiträge aus »Up ewig ungedeelt«, Verlagsanstalt und Druckerei AG., Hamburg 1898.

Thomas Mann, »Der Lübecker Marzipan« ist ein Ausschnitt aus seiner Rede »Lübeck als geistige Lebensform«, 1926. Erste Buchausgabe bei Otto Quitzow Verlag, Lübeck 1926.

Garlieb Merkel, Briefe über Hamburg und Lübeck, 1801.

Dieter Alpheo Müller, »Langkohl in Afrika« ist ein Originalbeitrag 1982.

Martha Müller-Grählert, »Wo de Ostseewellen trecken an den Strand« aus dem »Plattdütsch Leederbook«, 1911.

C. Mehlert und P. Nissen, »Ut der stat tom Kyle«, gesammelt nach historischen Quellen, Verlag Lipsius & Tischer, Kiel und Leipzig 1907.

Georg Quedens, »Die Halligen, Nordstrand und Pellworm erzählen«, Verlag Hansen & Hansen, Münsterdorf 1980; »Amrumer Abenteuer«, im gleichen Verlag, 1981.

Hans-Heinrich Rottgardt, Redewendungen aus »Läver'n Dickkopp as'n Dööskopp«, Karl Wachholtz Verlag, Neumünster 1976.

Carl Reinhardt, »Von Hamburg nach Helgoland«, Verlag J. J. Weber, Leipzig 1856.

G. F. Schumacher, »Genrebilder eines 70jährigen Schulmannes«, Schleswig 1841.

Silke Sievers, »Ut mien Kinnertied«, Originalbeitrag 1982.

Theodor Storm, »Heiligenhafen« aus der Erzählung »Hans und Heinz Kirch«; die anderen Beiträge aus »Gesammelte Werke«, hrsg. von F. Böhme, 1913.

Jochen Steffen, aus »NU KOMMS DU! Kuddl Schnööfs noie achtersinnige Gedankens un Meinungens«, Hoffmann und Campe Verlag, Hamburg 1975.

Maria Elisabeth Straub, »Et In Arcadia Piening«, Originalbeitrag 1982.

Jules Verne, Beitrag aus »Reiseberichte«, 1882.

Manfred Wedemeyer, »Mit Rowohlt auf Sylt« von Boleslaw Barlog aus »Sylter Literaturgeschichte in einer Stunde«, Verlag Hansen & Hansen, Münsterdorf 1971.

Irmgard Wiegand, »Beseuk«, Originalbeitrag 1982.

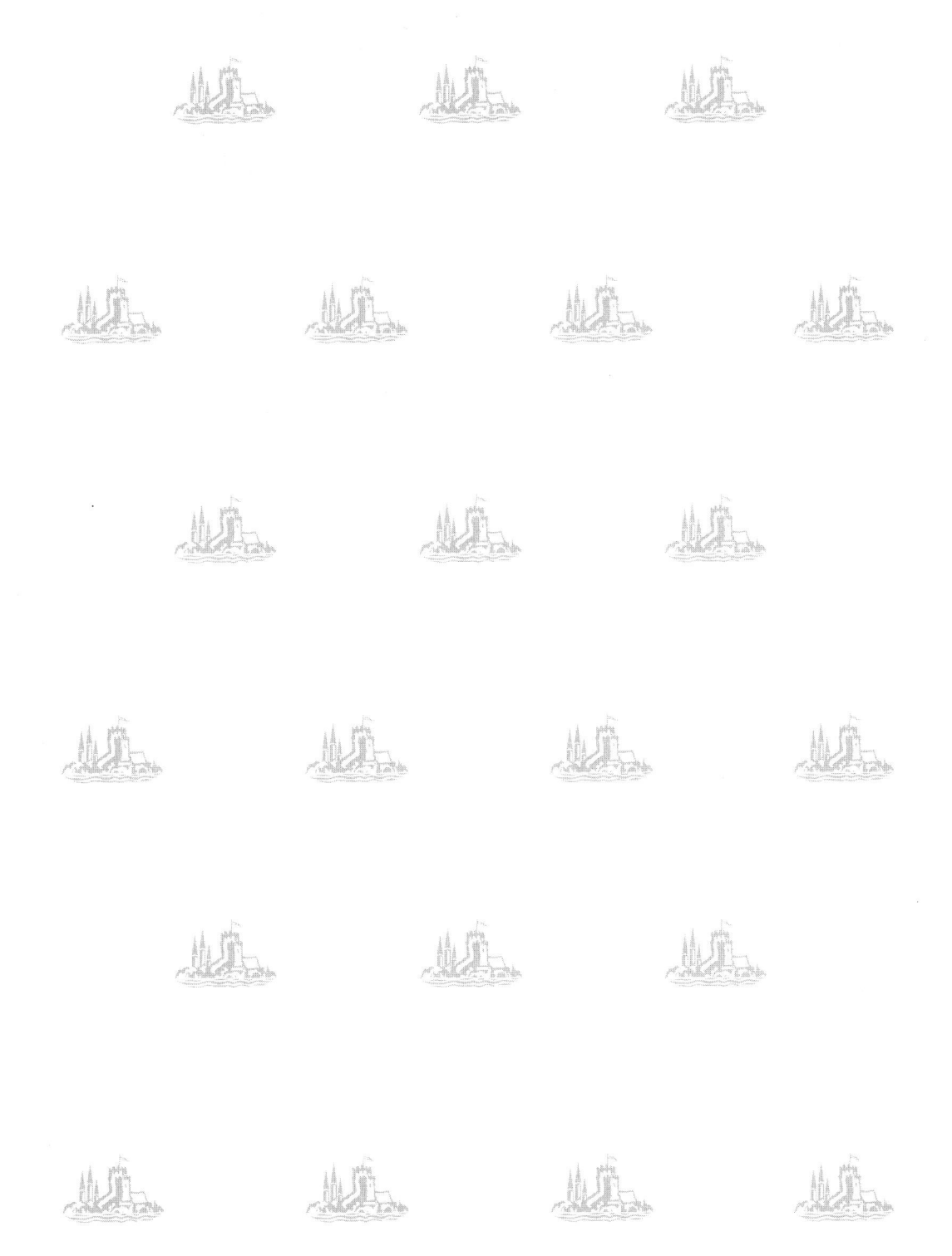

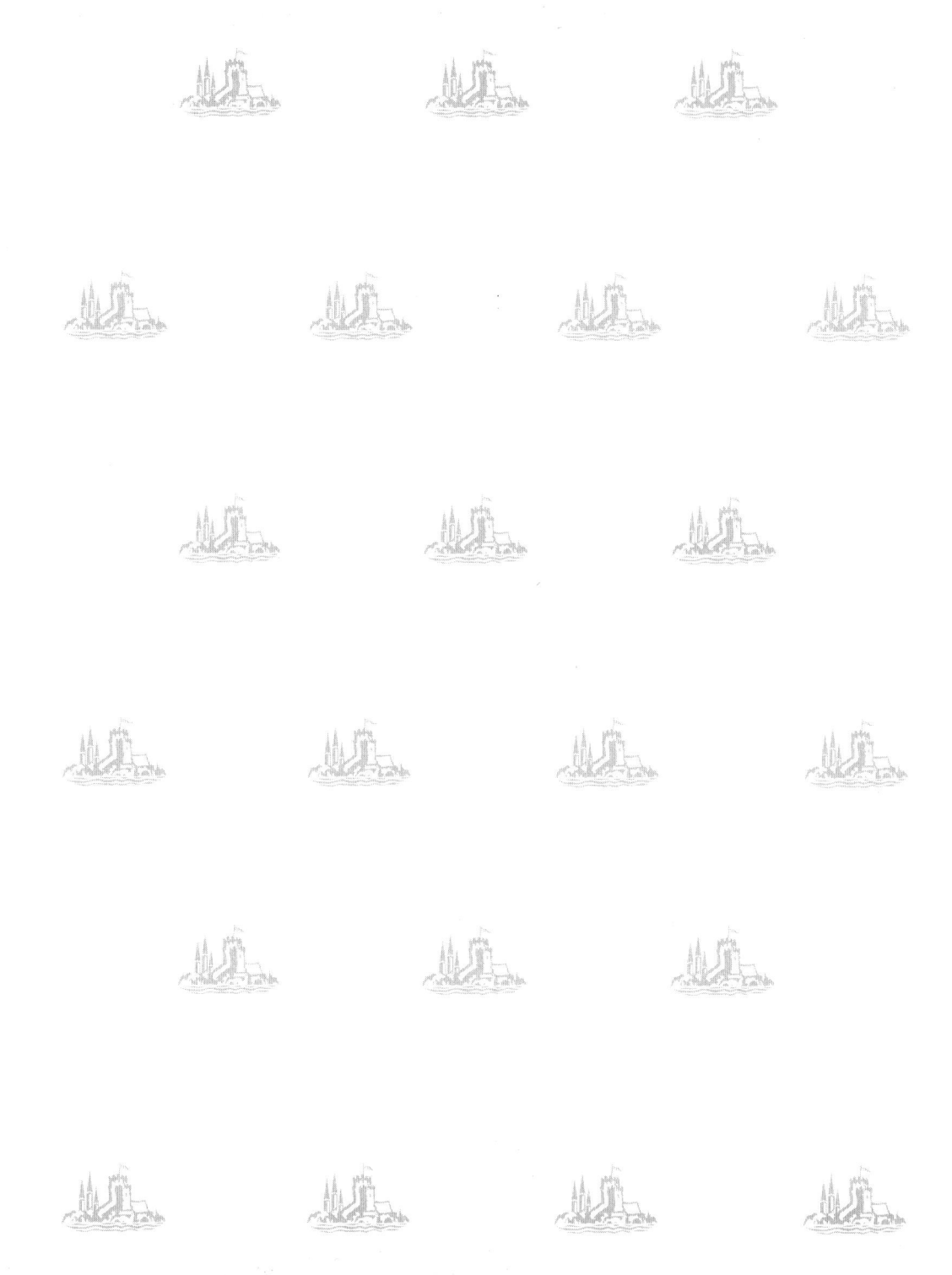